Système institutionnel de la Cémac

Droit communautaire

Jean-Marie PEMBELLET-SOUNGANI

Système institutionnel de la Cémac

Droit communautaire

L'Harmattan - Congo

5-7, rue de l'Ecole-Polytechnique, 75005 Paris

http://www.harmattan.fr
diffusion.harmattan@wanadoo.fr

ISBN : 978-2-343-06896-1
EAN : 9782343068961

Avant-propos

L'ouvrage intitulé *Système institutionnel de la Cémac* a pour objectif de faire connaître les institutions, organes et institutions spécialisées, auprès des différentes populations issues de la Communauté économique et monétaire de l'Afrique centrale (Cémac) qui comprend six Etats-membres : Cameroun, Centrafrique, Congo-Brazzaville, Gabon, Guinée équatoriale et Tchad.

Ce livre s'adresse donc naturellement à tous les ressortissants de la Cémac (hommes politiques, députés, universitaires, fonctionnaires, étudiants, commerçants, paysans, etc.). Bon nombre de ces ressortissants ne savent pas en fait comment fonctionne leur communauté et sont, parfois, incapables de citer ne serait ce que les différents Etats qui en font partie. Beaucoup confondent même la Cémac à la Cééac (Communauté économique des Etats de l'Afrique centrale).

Il est vrai que depuis que la Cémac, créée le 16 mars 1994, s'est succédée à l'Union douanière et économique de l'Afrique centrale (Udéac) le 25 juin 1999, il y a eu pas mal de réformes au sein de cette organisation internationale sous-régionale. Du coup, d'innombrables citoyens ne s'y retrouvent plus. Ils sont perdus par manque d'informations.

Le présent ouvrage va justement aider les populations des six Etats-membres à rattraper leur retard. Elles auront des connaissances suffisantes concernant le cadre juridique et organisationnel de leur communauté.

Ces connaissances permettront à nos populations de sortir

de l'ignorance et de participer sérieusement à l'intégration sous-régionale. Aujourd'hui, tellement que cette intégration devient une nécessité absolue pour notre espace communautaire, aucun citoyen ne peut s'y soustraire, en dépit de nos différences. Au contraire, nous devons renforcer la solidarité et la fraternité qui ont toujours structuré les relations entre les divers peuples.

CHAPITRE I
TRAITE INSTITUANT LA CEMAC

1.1. Création de la Cémac

Le traité instituant la Communauté économique et monétaire de l'Afrique centrale (Cémac) a été signé le 16 mars 1994 à Ndjamena, au Tchad, par les chefs d'Etat de l'Union douanière et économique de l'Afrique centrale (Udéac). L'additif au traité de la Cémac relatif au système institutionnel et juridique de la communauté ainsi que les conventions régissant l'Union économique de l'Afrique centrale (Uéac), l'Union monétaire de l'Afrique centrale (Umac) et la Cour de justice ont été signés en juillet et septembre 1996.

Cependant, la convention régissant le Parlement communautaire a été adoptée le 28 janvier 2004 à Malabo, en Guinée équatoriale. La Cémac dont le siège[1] est à Bangui, en République centrafricaine, regroupe six Etats : le Cameroun, la Centrafrique, le Congo-Brazzaville, le Gabon, la Guinée équatoriale et le Tchad.

Le traité de la Cémac du 16 mars 1994 a été modifié pour la première fois le 25 juin 2008, à Yaoundé, au Cameroun, et adopté le 30 janvier 2009, à Libreville, au Gabon, par la Conférence des chefs d'Etat. Les dispositions du traité révisé remplacent celles du traité du 16 mars 1994 instituant la Cémac et celles de l'additif au traité relatif au système institutionnel et juridique de la communauté du 5 juillet 1996.

---

[1] Siège de la Cémac transféré provisoirement de Bangui à Libreville depuis début 2014 (pour deux ans, au moins) suite à la crise politico-sécuritaire en Centrafrique.

Le traité du 16 mars 1994 est entré officiellement en vigueur le 25 juin 1999, lors de la Conférence des chefs d'Etat de l'Udéac qui s'est tenue à Malabo, en Guinée équatoriale. L'entrée en vigueur du traité de la Cémac a mis automatiquement fin à l'existence juridique de l'Udéac. Toutefois, au terme de l'article 47 de l'additif au traité de la Cémac, les dispositions du traité de l'Udéac, qui n'ont pas été contraires aux textes régissant la Cémac, restent valables et peuvent être appliquées par les institutions et organes de la communauté, sauf dérogations relatives à des mesures prises par application des conventions régissant l'Uéac et l'Umac.

Sur le plan institutionnel, la nouvelle communauté s'appuie sur les structures déjà existantes, mais rénovées et renforcées. De ce fait, la Cémac constitue un prolongement de l'Udéac dont elle a officiellement pris le relais en juin 1999. Elle s'est également engagée à la dynamiser. Le patrimoine ainsi que les droits de l'obligation, précédemment dévolus à l'Udéac, ont été transférés de plein droit à la Cémac.

La décision de créer la Cémac, par les autorités politiques des Etats-membres de la sous-région, a été due, par les leçons tirées de l'expérience peu flatteuse de l'Udéac. Conscients de la nécessité de développer ensemble toutes les ressources humaines et naturelles de leurs Etats et de mettre celles-ci au service du bien-être général de leurs peuples dans tous les domaines, les signataires du traité de la Cémac ont résolu de donner une impulsion nouvelle et décisive au processus d'intégration en Afrique centrale par une harmonisation accrue des politiques et des législations de leurs Etats.

A cela, ils ont pensé renforcer la solidarité entre les peuples, dans le respect de leurs identités nationales respectives, tout en réaffirmant leur attachement au respect des principes de la démocratie, des droits de l'homme, de l'Etat de droit, de la bonne gouvernance, du dialogue social et des questions de ce genre.

Le traité de la Cémac est rédigé en exemplaire unique en trois langues (français, espagnol et anglais). En cas de divergence, le texte en français en fait foi. Toutefois, les langues de travail de la communauté sont le français, l'anglais, l'espagnol et l'arabe. Le Tchad a été désigné comme Etat dépositaire de tous les actes afférents à la Communauté économique et monétaire de l'Afrique centrale (Cémac).

Les actes additionnels sont annexés au traité de la Cémac et complètent celui-ci sans le modifier. Leur respect s'impose aux institutions et organes de la communauté ainsi qu'aux autorités des Etats-membres. Toutefois, au terme de l'article 57 du traité révisé de la Cémac, tout Etat-membre peut soumettre, à la Conférence des chefs d'Etat, des projets tendant à la révision du traité de celle-ci ou des conventions régissant l'Union économique et l'Union monétaire de l'Afrique centrale. Les éventuelles modifications sont adoptées à l'unanimité des Etats-membres.

D'autre part, sur proposition de la Commission Cémac, des premiers responsables des institutions et organes de la communauté ou du premier responsable de toute institution spécialisée de celle-ci, le Conseil des ministres ou le Comité ministériel peut également soumettre des projets de révision du traité de la Cémac à la Conférence des chefs d'Etat. Les modifications ainsi adoptées entrent en vigueur après avoir été ratifiées. Le traité de la Cémac peut être dénoncé par tout Etat-membre. Il cesse d'avoir effet, à l'égard de celui-ci, le dernier jour du sixième mois suivant la date de notification à la Conférence des chefs d'Etat. Ce délai peut être abrégé d'un commun accord entre les Etats signataires.

En revanche, les Etats-membres apportent leur concours à la réalisation des objectifs de la communauté en adoptant toutes mesures générales ou particulières propres, par la législation nationale. Elle est représentée, à l'égard des tiers et en justice, par le président de la Commission Cémac, sans préjudice des dispositions des conventions et statuts particuliers. Sa responsabilité contractuelle est régie par la loi applicable au contrat en cause et mise en œuvre devant les juridictions nationales compétentes. En cas de manquement, par un Etat, aux obligations qui leur incombent en vertu du droit communautaire, la Cour de justice pourrait être saisie en vue de prononcer les sanctions dont le régime est défini par des textes spécifiques.

Pour éviter que le fonctionnement de la Cémac ne soit affecté par les mesures que l'un d'eux pourrait être amené à prendre en cas de troubles à l'ordre public, de guerre ou de tension internationale constituant une menace de guerre, les Etats-membres pourraient se consulter en vue de prendre en commun les dispositions nécessaires.

Il est entendu que la communauté a la personnalité juridique. Elle possède dans chaque Etat-membre la capacité juridique la plus large, reconnue aux personnes morales par la législation nationale. Elle est représentée, à l'égard des tiers et en justice, par le président de la Commission Cémac, sans préjudice des dispositions des conventions et statuts particuliers. Sa responsabilité contractuelle est régie par la loi applicable au contrat en cause et mise en œuvre devant les juridictions nationales compétentes.

Aussi, la communauté établit toutes coopérations utiles avec les organisations régionales ou sous-régionales existantes. Elle peut faire appel à l'aide technique ou financière de tout Etat qui l'accepte ou à des organisations internationales, dans la mesure où cette aide est compatible avec les objectifs définis par le traité de la Cémac et les textes subséquents.

Des accords de coopération et d'assistance peuvent également être signés avec les Etats tiers ou les organisations internationales. La Cémac participe aux efforts d'intégration dans le cadre de l'Union africaine et, en particulier, à ceux relatifs à la création d'organisations communes dotées de compétences propres pour des actions coordonnées dans des domaines spécifiques. La communauté, c'est-à-dire la Cémac, établit des consultations périodiques, notamment avec les institutions régionales africaines.

1.2. Missions et objectifs de la Cémac

1.2.1. Missions

Au terme de l'article 2 de son traité révisé le 25 juin 2008 et adopté en janvier 2009, la Cémac a pour mission essentielle de promouvoir la paix et le développement harmonieux des Etats-membres, dans le cadre de l'institution des deux unions : l'Union économique et l'Union monétaire. Dans chacun de ces deux domaines, les Etats-membres entendent passer d'une situation de coopération, qui existait déjà entre eux, à une situation d'union susceptible de parachever le processus d'intégration économique et monétaire. En prenant la relève de l'Udéac, la Cémac est tenue de redynamiser le processus engagé entre les six Etats signataires du traité et ceux qui viendraient à adhérer à la communauté.

1.2.2. Objectifs

La Cémac s'est assignée comme objectifs :

- l'établissement d'une union de plus en plus étroite entre les peuples des Etats-membres, pour raffermir leurs solidarités géographique et humaine ;
- la promotion des marchés nationaux par l'élimination des entraves au commerce inter-

communautaire, la coordination des programmes de développement, l'harmonisation des projets industriels ;
- le développement de la solidarité des pays-membres au profit des pays et régions défavorisés ;
- la création d'un véritable marché commun africain.

1.3. Architecture de paix

La Cémac est une organisation qui joue un rôle concret dans le maintien de la paix dans la sous-région d'Afrique centrale. C'est justement dans ce cadre qu'a été signé le 28 janvier 2004, par la Conférence des chefs d'Etat de la Cémac, un pacte de non-agression, de solidarité et d'assistance mutuelle entre les pays-membres.

Le pacte s'est fixé pour objectifs de :
- maintenir et préserver un climat de paix et de sécurité au sein de la communauté, entre les Etats-membres et à l'intérieur de chacun de ceux-ci ;
- garantir la solidarité et l'assistance mutuelle entre les Etats en cas d'agression extérieure ou de graves troubles à l'intérieur d'un Etat-membre ;
- définir les conditions et mécanismes de solidarité et d'assistance entre les Etats-membres, en cas d'agression ou de graves troubles.

Toutefois, conformément audit pacte, les Etats doivent s'abstenir de tout acte d'agression et de violation de souveraineté. Ils doivent s'engager à apporter aide et assistance à l'un des Etats-membres se trouvant devant un cas de troubles graves.

Pour éviter toute faille dans l'application de ce pacte, il a été mis en place, à côté de la Conférence des chefs d'Etat et de la Commission Cémac :
- un Comité de défense et de sécurité (Cds) qui est

chargé du suivi et de l'exécution des décisions de la Conférence des chefs d'Etat, découlant du pacte ;
- un observatoire d'analyse et de prévention qui est l'organe de collecte et d'analyse des données relatives à la sécurité ;
- une Force multilatérale de la Cémac, chargée d'accomplir les missions de paix, de sécurité et d'assistance humanitaire.

Enfin, la Conférence des chefs d'Etat est compétente pour décider l'interposition de la force multilatérale. C'est à elle d'entamer les procédures appropriées de médiation entre les belligérants.

1.4. Mise en œuvre du Programme économique régional (Per)

Le Programme économique régional (Per) vise de faire de la Cémac, en 2025, un espace économique intégré émergent, où règneraient la sécurité, la solidarité et la bonne gouvernance, au service du développement humain.

Le Per, qui s'articule autour de 5 axes stratégiques, 27 programmes et 107 projets, présente un agenda d'émergence (2011-2025) en trois phases quinquennales pour la réalisation de la vision 2025 de la Cémac. La première phase (2011-2015) consiste en la construction des fondements institutionnels de l'émergence. La deuxième phase (2016-2020) vise à fixer profondément les piliers de la diversification économique de la communauté. Quant à la troisième phase (2021-2025), elle aura pour but de consolider les phases précédentes.

Chaque phase est mise en œuvre par un plan opérationnel qui détaille, d'une manière précise, les activités et les actions à entreprendre sur cette période. Le plan opérationnel (2011-2015) du Per présente trois atouts majeurs. Le premier atout concerne un cadre institutionnel clair caractérisé par la déclinaison des axes en objectifs stratégiques, en programmes, puis en projets.

Le deuxième atout contient un plan cohérent dans lequel les projets des différents axes se renforcent les uns les autres et convergent vers un même objectif. Enfin, le dernier atout se rapporte à une approche-programme permettant l'élaboration d'un budget-programme pluri annuel. Ce dernier faciliterait la recherche, la mobilisation et l'affectation des ressources aux projets déjà identifiés.

1.5. Situation géographique et population

L'espace territorial de la Cémac qui regroupe le Cameroun, la Centrafrique, le Gabon, le Congo-Brazzaville, la Guinée équatoriale et le Tchad a une superficie de 30 200 000 km^2 avec une population estimée à 44 millions d'habitants[2], inégalement répartie. Cet espace s'étend du Sahel, au nord, à la forêt équatoriale, au sud.

[2] Source : Cémac 2014.

CHAPITRE II
STRUCTURES DE LA CEMAC

Pour favoriser un climat de confiance indispensable à la relance de l'investissement, il a été mis en place un cadre juridique et institutionnel, propice et moderne, adapté aux contextes socio-économiques de la sous-région. C'est ainsi que la Cémac se constitue des organes de décision et des institutions afin de permettre une allocation optimale des ressources et l'avènement d'un grand marché des biens, des services et des capitaux.

2.1. Organes de la Cémac

Au terme de l'article 10 du traité révisé du 25 juin 2008, adopté le 30 janvier 2009, les organes de décision de la Cémac sont :

- la Conférence des chefs d'Etat ;
- le Conseil des ministres de l'Union économique de l'Afrique centrale (Uéac) ;
- le Comité ministériel de l'Union monétaire de l'Afrique centrale (Umac) ;
- la Commission Cémac ;
- le Comité inter-Etats ;
- la Banque des Etats de l'Afrique centrale (Béac) ;
- la Banque de développement des Etats de l'Afrique centrale (Bdéac).
- La Commission bancaire de l'Afrique centrale (Cobac)

2.1.1. La Conférence des chefs d'Etat

La Conférence des chefs d'Etat est l'instance suprême du système institutionnel et juridique de la Cémac. Elle détermine la politique de la communauté et oriente l'action du

Conseil des ministres de l'Uéac et du Comité ministériel de l'Umac au moyen d'actes additionnels. La Conférence des chefs d'Etat fixe le siège des institutions, des organes et des institutions spécialisées. Elle nomme et révoque leurs dirigeants, conformément aux dispositions prévues par leurs textes constitutifs respectifs.

La présidence de la Conférence des chefs d'Etat est assurée par chaque Etat-membre, successivement et selon l'ordre alphabétique des Etats, pour une année civile. La Conférence des chefs d'Etat se réunit en session ordinaire, au moins une fois par an, sur convocation de son président. Cette conférence peut, toutefois, se tenir en session extraordinaire, à l'initiative de son président, ou à la demande d'au moins deux de ses membres.

Lors de la Conférence des chefs d'Etat, le président de la Commission Cémac rapporte les affaires inscrites à l'ordre du jour des réunions dont il assure le secrétariat. Assistent aussi à ces réunions, les premiers responsables des institutions, organes et institutions spécialisées de la communauté. La Conférence des chefs d'Etat adopte ses décisions par consensus.

2.1.2. Le Conseil des ministres de l'Uéac

Le Conseil des ministres de l'Uéac assure la direction de l'Union économique par l'exercice des pouvoirs que la convention régissant l'Uéac lui accorde. Font partie du Conseil économique, les représentants des Etats-membres comprenant les ministres en charge des Finances et des Affaires économiques. Chaque délégation nationale ne peut comporter plus de trois ministres et ne dispose que d'une voix. Les membres du Comité inter-Etats assistent à ces travaux.

Par contre, le Conseil des ministres de l'Uéac peut réunir, en formation ad hoc, les ministres compétents pour les questions ne portant pas principalement sur la politique économique et financière de l'union. Ce conseil se réunit au moins deux fois par an et aussi souvent que les circonstances l'exigent. La présidence du Conseil des ministres de l'Uéac est assurée, pour une année civile, par l'Etat-membre exerçant la présidence de la Conférence des chefs d'Etat. Le conseil est convoqué par son président, soit à son initiative, soit à la demande d'au moins deux Etats-membres, soit enfin à la demande du président de la Commission Cémac. Le président de la Commission Cémac rapporte les affaires inscrites dans l'ordre du jour.

Assistent à ces réunions :

- les membres du Comité inter-Etats ;
- le gouverneur de la Béac ;
- les premiers responsables des institutions, des autres organes et des institutions spécialisées de la communauté.

2.1.3. Le Comité ministériel de l'Umac

Le Comité ministériel est l'organe dirigeant de l'Union monétaire de l'Afrique centrale (Umac). Il a pour rôle d'examiner les grandes orientations des politiques économiques respectives des Etats-membres de la communauté et d'en assurer la cohérence avec la politique monétaire commune. Les attributions du Comité ministériel sont bien définies dans la convention régissant l'Umac. Ce comité est représenté pour chaque Etat-membre par deux ministres dont celui chargé des Finances qui est le chef de la délégation, et n'y dispose que d'une voix exprimée par ce dernier.

La présidence du Comité ministériel de l'Umac est tournante et est assurée, pour une année civile, par les ministres des Finances des Etats-membres, selon l'ordre alphabétique de ces dits Etats. Le Comité ministériel se réunit, sur convocation de son président, au moins deux fois par an dont une pour la ratification des comptes de la Béac. Ce comité peut également se réunir à la demande de la moitié de ses membres ou encore à la demande du conseil d'administration de la Béac.

C'est le gouverneur de la Béac qui prépare les réunions du Comité ministériel et rapporte les affaires inscrites dans l'ordre du jour de ses travaux. Le président de la commission assiste à ces réunions en qualité d'observateur. Le Comité ministériel délibère valablement lorsque chaque Etat-membre est représenté. Les ministres représentant chacun des Etats-membres au Comité ministériel sont membres de droit des Comités nationaux de crédit de leurs Etats d'origine.

2.1.4. La Commission Cémac

Anciennement Secrétariat exécutif, la Commission Cémac dont le siège[3] est à Bangui, en Centrafrique, a vu le jour le 27 avril 2007, à la suite d'un additif au traité signé par les chefs d'Etat de la Cémac à Ndjamena, au Tchad. La commission assure la mission de « gardienne » des traités de la Cémac.

Elle représente la communauté dans les négociations internationales relatives aux domaines relevant des objectifs poursuivis par celle-ci. A cela, en vue du bon fonction-

---

[3] Le siège de la Commission Cémac a été provisoirement délocalisé (pour deux ans, au moins) de Bangui à Libreville, par décision n° 01/14-Cémac- Cce du 14 janvier 2014. Cette délocalisation est due à la crise politico-sécuritaire en République centrafricaine.

nement et de l'intérêt général de la communauté, la commission exerce les pouvoirs propres que lui confère le traité de la Cémac.
A cet effet, la commission :

a) recueille toutes les informations utiles à l'exécution de sa mission ;

b) établit un rapport général annuel sur le fonctionnement et l'évolution de la communauté qui est communiqué par son président au Parlement communautaire et aux Parlements nationaux ;

c) fait à la Conférence des chefs d'Etat et au Conseil des ministres de l'Uéac des propositions qui leur permettent de se prononcer sur les grandes orientations des politiques économiques des Etats-membres de la communauté ;

d) œuvre à la promotion de l'intégration et du développement socio-économique des Etats-membres ;

e) renforce la coopération entre les Etats-membres et la coordination de leurs activités dans les domaines d'intérêt commun. Elle est le moteur de la politique communautaire ;

f) veille au respect et à l'application, par les Etats-membres ou leurs ressortissants, des dispositions du traité de la Cémac et des actes pris par les organes de la communauté ;

g) attire l'attention des Etats sur les conséquences du non-respect des politiques communautaires. Elle établit, dans ce sens, un rapport au Conseil des ministres de l'Uéac. En cas de silence du Conseil des ministres, le président de la Commission Cémac saisit la Cour de justice aux fins de faire constater le manquement et de prononcer les sanctions ;

h) exécute le budget de la communauté et mobilise les ressources ;

i) élabore des stratégies d'autofinancement ;

j) recrute et nomme aux différents emplois relevant

de sa compétence, dans la limite des postes budgétaires ouverts, sur la base des critères de compétence et d'intégrité morale et en tenant compte du principe de la répartition équilibrée des postes entre Etats-membres ;

k) veille à la mise en œuvre du traité de la Cémac, des conventions et décisions de la communauté. Elle veille également à la réalisation des objectifs en matière d'intégration. Elle conclut, au nom de la communauté, les accords de coopération avec d'autres organisations ou Etats ;

l) adopte son règlement intérieur, après avis conforme du Conseil des ministres de l'Uéac.

Les décisions au sein de la Commission Cémac sont prises à la majorité de ses membres. En cas d'égalité, la voix du président est prépondérante. Les membres de la commission exercent leurs fonctions en toute indépendance, dans l'intérêt général de la communauté. Ils ne sollicitent, ni n'acceptent d'instructions d'aucun gouvernement, ni d'aucune autre personne physique ou morale. Les Etats-membres sont tenus de respecter leur indépendance.

2.1.4.1. Composition de la commission

La Commission Cémac est composée des commissaires désignés à raison d'un commissaire par Etat-membre dont un président et un vice-président. Le président, le vice-président de la commission et les commissaires sont nommés par la Conférence des chefs d'Etat pour un mandat de cinq ans renouvelable une fois. Ils sont classés sur la base des critères de compétence, d'objectivité et d'indépendance.

Durant leur mandat, les membres de la Commission Cémac sont irrévocables, sauf en cas de faute lourde ou d'incapacité constatée par la Cour de justice sur saisine du

Conseil des ministres. Le mandat des membres de la commission peut être interrompu par décès, démission ou révocation. Le vice-président seconde le président de la commission. Il le supplée en cas d'absence ou d'empêchement. Les employés au sein de la Commission Cémac sont répartis entre les directions techniques relevant du cabinet de la présidence et les quatre départements qui sont :

- le marché commun ;
- l'infrastructure et le développement durable ;
- les politiques économiques, monétaires et financières ;
- le droit de l'homme, la bonne gouvernance, le développement humain et social.

2.1.4.2. Pouvoirs du président de la Commission Cémac

Le président exerce ses fonctions dans l'intérêt général de la communauté. A cet effet, sans préjudice des statuts particuliers, il :

- est le représentant légal de la communauté ;
- est le chef de l'exécutif ;
- organise les services de la commission ;
- est l'ordonnateur du budget de la communauté ;
- transmet à la Conférence des chefs d'Etat les recommandations et les avis nécessaires ou utiles à l'application du traité de la Cémac et au fonctionnement de la communauté ;
- assiste aux réunions du Comité ministériel de l'Umac.

2.1.4.3. Devoirs des membres

Pendant la durée de leur mandat, les membres de la Commission Cémac n'exercent aucune autre activité professionnelle, rémunérée ou non. Toutefois, ils peuvent mener des activités littéraires, artistiques et scientifiques. Lors de leur entrée en fonction, les membres de la commission s'engagent, devant la Cour de justice communautaire, à observer les devoirs d'indépendance, d'impartialité, de réserve, d'honnêteté et de délicatesse nécessaires à l'accomplissement de leur mission, par le serment qui suit :

« Je jure de remplir fidèlement et loyalement les charges de ma fonction. Je m'engage, dans l'intérêt supérieur de la communauté, à observer les devoirs d'indépendance, d'impartialité, de réserve et d'honnêteté nécessaires à l'accomplissement de ma mission. »

Par conséquent, le président et les autres membres de la commission peuvent être auditionnés par le Parlement communautaire à la demande de celui-ci.

2.1.5. Le Comité inter-Etats

Le Comité inter-Etats a pour rôle d'examiner et de donner des avis sur les propositions inscrites dans l'ordre du jour du Conseil des ministres de l'Uéac. Il prépare également les délibérations dudit conseil. Le Comité inter-Etats est composé d'un représentant titulaire et d'un suppléant par Etat-membre. Ils sont désignés par leurs pays respectifs pour un mandat de trois ans. Les fonctionnaires de la Commission Cémac et les représentants des organismes spécialisés de la Cémac peuvent assister aux réunions du Comité inter-Etats.

Ce comité peut, en cas de besoin, faire appel à des experts choisis en raison de leur compétence. Le Comité inter-Etats est présidé par le représentant de l'Etat-membre assurant la présidence du Conseil des ministres de l'Uéac. Ce comité ne peut délibérer valablement que si quatre Etats au moins sont représentés. Le président de la Commission Cémac et les organismes spécialisés ne peuvent prendre part au vote.

2.1.6. La Banque des Etats de l'Afrique centrale (Béac)

La Banque des Etats de l'Afrique centrale (Béac) est un établissement public, multinational africain, qui a pour objectif de garantir la stabilité de la monnaie. Elle apporte son soutien aux politiques économiques générales, élaborées par les Etats-membres de l'Union monétaire. C'est la raison pour laquelle a été confié à la Béac le privilège exclusif de l'émission monétaire sur le territoire de chaque Etat-membre de l'Union monétaire.

Outre les missions fondamentales confiées à la Béac, cette dernière assiste les Etats-membres dans leurs relations avec les institutions financières internationales et leur prête son concours, dans le cadre de ses statuts, pour les opérations d'ordre monétaire ou financier. La Béac s'implique également dans la lutte contre le blanchiment d'argent, dans son objectif fondamental de préserver la stabilité monétaire de la sous-région.

Créée à Brazzaville, au Congo, le 22 novembre 1972 par les chefs d'Etat de l'Udéac (Cameroun, Centrafrique, Congo, Gabon et Tchad), la Béac est régie par diverses conventions monétaires qui remplacèrent l'Accord de 1959. Cet accord institua une Banque centrale des Etats de l'Afrique équatoriale et du Cameroun (Bcéaéc). Une première convention a été signée le 22 décembre 1972 entre les cinq Etats-membres de l'Udéac, fondateurs de la

Béac. Une deuxième convention fut signée, le même jour, le 22 novembre 1972, toujours à Brazzaville, entre cette fois-ci la France et les cinq Etats-membres de l'Udéac. Ces conventions furent modifiées le 25 juin 2008.

Avec l'entrée de la Guinée équatoriale, le 1er janvier 1985, les textes originels de la Béac ont été complétés par un traité établi entre les Etats fondateurs de cette banque et la Guinée équatoriale, d'une part, et par le protocole additionnel à la convention de coopération monétaire entre les Etats-membres de l'Udéac (y compris la Guinée équatoriale) et la France, d'autre part.

La Convention de coopération monétaire entre les Etats-membres de la Béac consacre :

- la liberté des transferts en zone Franc ;
- la convertibilité illimitée entre les différentes monnaies de la zone Franc et l'harmonisation des réglementations de change ;
- les parités fixes entre les différentes monnaies de la zone Franc ;
- la garantie du Trésor français à la monnaie émise par la Béac ;
- la centralisation des réserves de change dans un compte spécial appelé « compte d'opérations » ouvert par la Béac auprès du Trésor français.

Les six Etats de la Cémac appartiennent donc à la zone Franc. Leur monnaie commune, le franc CFA, est rattachée à l'euro, avec une parité fixe (1 euro = 655,957 francs CFA.). L'unité monétaire légale des Etats-membres de l'union est le franc de la coopération financière en Afrique (F CFA Béac).

L'accord de coopération signé entre la France et les Etats-membres de la Béac assure la libre convertibilité de la monnaie émise par la Béac. Pour assurer la convertibilité extérieure du F CFA, les Etats-membres ont créé un fonds de réserves déposé dans un compte d'opérations auprès du Trésor français. Les conditions d'approvisionnement et de fonctionnement de ce compte sont réglementées par la convention de compte d'opérations et précisées par une convention spéciale conclue entre le gouverneur de la Béac et le directeur du Trésor français, après avis conforme du Comité ministériel de l'Union monétaire de l'Afrique centrale.

A l'époque, le franc CFA de la Béac était convertible avec le franc français (FF), jusqu'en 1999, grâce à un accord monétaire avec la France. 1 FF valait 50 F CFA. Après la dévaluation du F CFA le 12 janvier 1994, ce même franc français valait 100 F CFA. La conversion du franc CFA Béac en franc français s'effectuait par un taux fixe (révisable) garanti par le dépôt par la Béac d'un fonds de réserves à la Banque de France, constitué par les apports des Banques centrales nationales (Bcn) de chaque pays-membre de la Cémac.

Le 14 janvier 1999, l'euro est arrivé et a remplacé le franc français. Cependant, l'accord monétaire avec la France avait tout de même été maintenu, après acquiescement de la Banque centrale européenne. Mais, cet accord a été redéfini par un taux fixe avec l'euro, encore garanti (sous certaines conditions) par la Banque de France, en échange du maintien du fonds de réserves. Cependant, la Béac reste libre de composer des fonds de réserves supplémentaires (en métal ou en devises) avec d'autres banques centrales.

Cette liberté permet à la Béac de disposer de réserves de change supplémentaires dans d'autres devises que l'euro, ou de mettre fin à la convertibilité du franc CFA Béac avec l'euro, si nécessaire. Il est bien entendu que le transfert de capitaux entre les pays-membres de la Cémac et les pays de la zone Franc est libre et aisé. La gestion et le contrôle de la banque sont assurés par les représentants des Etats-membres et de la France. La République française participe à cette gestion et à ce contrôle en raison de la garantie de la convertibilité qu'elle accorde à la monnaie émise par la banque.

Pour son fonctionnement, la Béac s'appuie sur les différents organes et structures ci-après :

- le comité ministériel de l'Umac ;
- le conseil d'administration ;
- le comité de politique monétaire ;
- le gouvernorat de la Béac :
- le comité d'audit ;
- les comités monétaires et financiers nationaux ;
- les directeurs nationaux.

Le comité ministériel de l'Umac examine les grandes orientations en matière économique des Etats-membres de la Cémac. Il assure leur cohérence avec la politique monétaire commune. Le comité ministériel comprend deux ministres par Etat membre, dont le ministre des Finances.

Le comité de politique monétaire est l'organe de décision de la Béac, en matière de politique monétaire et de gestion des réserves de change. La présidence de ce comité est assurée par le gouverneur de la banque centrale. En cas d'empêchement, il est remplacé naturellement par le vice-gouverneur.

Le conseil d'administration administre la banque et veille à son bon fonctionnement. Celui-ci est composé de deux administrateurs par Etat-membre et de deux administrateurs représentant la France, avec égalité de voix. Les administrateurs sont désignés pour une durée de trois ans renouvelable. La présidence du conseil d'administration est assurée par le gouverneur de la banque et, en cas d'empêchement de celui-ci, par le vice-gouverneur.

Le gouverneur et le vice-gouverneur sont nommés par la Conférence des chefs d'Etat, sur proposition du Comité ministériel, dans les conditions prévues par les statuts de la Béac et ce, après approbation du conseil d'administration. Le poste du gouverneur, dont la durée est de sept ans non renouvelable, est rotatif, depuis janvier 2010, à tous les Etats-membres de la Cémac, selon l'ordre alphabétique desdits Etats.

Le gouverneur, sous l'autorité du conseil d'administration, dirige et assure les services de la banque avec l'aide du vice-gouverneur et du secrétaire général et de trois directeurs généraux, nommés pour un mandat de six ans non renouvelable. Le gouverneur dispose d'un représentant dans chaque Etat-membre. Il représente la banque vis-à-vis des tiers et exerce toute action en justice.

Le comité d'audit a notamment pour missions de superviser le système de contrôle de la banque, de participer à la programmation des activités du contrôle externe. Le comité d'audit comprend cinq membres, dont quatre administrateurs issus des Etats de la Cémac et d'une personnalité externe, pour un mandat de trois ans renouvelable une fois.

Les censeurs contrôlent l'exécution du budget de la banque et proposent au conseil d'administration toutes les recommandations ou mesures appropriées résultant de ce contrôle. Le collège des censeurs est composé de trois membres, dont un désigné par la France. Ces membres ont un mandat de trois ans, renouvelable une fois.

Les comités monétaires et financiers nationaux, créés dans chaque Etat membre, ont pour principal rôle de procéder à l'examen des besoins généraux de financement de l'économie de l'Etat membre. Ils formulent aussi des propositions en vue de la coordination de la politique économique nationale avec la politique monétaire commune. Ces comités sont présidés par le ministre des finances de l'Etat membre.

La Béac a officiellement démarré ses activités le 2 avril 1973 à Yaoundé, au Cameroun, où se trouve son siège central. Les services centraux de la banque sont établis dans l'une des capitales des Etats-membres, conformément aux dispositions de la convention régissant l'Union monétaire de l'Afrique centrale. La banque comprend, outre les services centraux, des directions nationales, des agences et des délégations extérieures.

Les directions nationales, établies dans la capitale de chacun des Etats-membres, ont les attributs de siège social. La Béac n'a qu'un représentant en dehors de l'Afrique centrale ; il s'agit du bureau extérieur de Paris. Avec les nouvelles dispositions du traité révisé de la Cémac du 25 juin 2008, adopté le 30 janvier 2009 à Libreville, au Gabon, la Béac n'est plus considérée comme une institution spécialisée de la Cémac, mais plutôt comme un organe de la Cémac à part entière.

2.1.7. La Banque de développement des Etats de l'Afrique centrale (Bdéac)

La Banque de développement des Etats de l'Afrique centrale (Bdéac) est une institution de financement qui dispose d'un instrument approprié pour promouvoir le développement et l'intégration économique des Etats-membres.

Aussi, la Bdéac a pour missions :

- de promouvoir le développement économique et social des pays de la Cémac, notamment par le financement des investissements nationaux, multinationaux et des projets d'intégration économiques ;
- d'apporter son concours aux Etats, aux organisations sous-régionales, aux institutions financières et aux opérateurs économiques dans leurs efforts pour la mobilisation des ressources financières et le financement des projets ;
- d'appuyer les Etats, les organisations sous-régionales et les opérateurs économiques dans le financement des études de faisabilité des programmes et projets.

A cet effet, la Bdéac s'active, depuis lors, à rechercher et à mobiliser les ressources intérieures et extérieures, en vue du financement des investissements. A cela, la banque s'emploierait donc à faire reculer la pauvreté dans l'espace communautaire, notamment à travers le financement des projets prioritaires nationaux ou régionaux de développement. Un plan stratégique 2013-2017, qui s'inscrit dans le cadre général de la vision de la Bdéac à l'horizon 2025, a été adopté le 29 avril 2013, lors d'un conseil d'administration.

Le capital de la Bdéac est détenu par les Etats de la Cémac. Il est également ouvert aux autres Etats, ainsi qu'aux investisseurs régionaux ou internationaux

Les ressources de la Bdéac proviennent particulièrement :

- de son capital souscrit et libéré ;
- des emprunts à moyen et long termes de crédit et refinancement obtenus auprès des pays ou des institutions nationales, multinationales ou internationales ;

- de la mobilisation de l'épargne régionale et des emprunts sur les marchés financiers en Afrique ou à l'extérieur du continent ;
- du concours consenti par la Banque centrale ;
- des fonds spéciaux ;
- des contributions non remboursables des Etats ou des institutions de coopération ;
- des sommes provenant des opérations de la banque ou lui revenant à d'autres titres ;
- de toutes autres ressources obtenues par des arrangements autorisés par le conseil d'administration.

La Bdéac intervient dans le financement des investissements relevant des secteurs tant public que privé et concernant les domaines très variés, à savoir :
- infrastructures (énergie, télécommunications, ports, aéroports, chemins de fer, routes, matériels de transport, etc.)
- industries agro-alimentaires, mines ;
- agriculture, élevage, pêche et développement rural ;
- programmes immobiliers, hôtellerie, technologies de l'information et de la communication ;
- etc.

La Bdéac est administrée et gérée par :
- l'assemblée générale des actionnaires ;
- le conseil d'administration ;
- le comité d'audit ;
- le président de la banque.

L'assemblée générale des actionnaires est l'organe suprême qui détient tous les pouvoirs de la banque. Elle peut cependant en déléguer certains au conseil d'administration. Cette assemblée est composée d'un représentant par actionnaire (ministres en charge des Finances) de la catégorie A et est présidée par le représentant de l'Etat-membre de la Cémac qui assure la présidence de la Conférence des chefs d'Etat.

Le conseil d'administration définit, dans le cadre des directives données par l'assemblée générale, la politique générale de la banque. A cet effet, le conseil détient les pouvoirs les plus étendus. Ce conseil est composé :

- du président de la banque qui assure sa présidence ;
- d'un administrateur représentant chaque actionnaire. En cas d'empêchement de ce dernier, il est remplacé par un administrateur suppléant ;

Le président de la Bdéac est élu à la majorité des deux tiers par l'assemblée générale, sur proposition d'un Etat-actionnaire, après agrément des autres Etats-actionnaires, membres de la Cémac. La durée du mandat du président de la Béac est de cinq ans, non renouvelable. Sous le contrôle du conseil d'administration, le président a la responsabilité de l'administration générale de la banque. Le président est assisté, dans l'exercice de ses fonctions, par un vice-président.

Au plan de l'organisation de la banque, outre les postes du président et du vice-président, l'organigramme en vigueur, issu du conseil d'administration du 27 juin 2008, se présente ainsi qu'il suit :

- les services rattachés au président de la banque :
  - direction de cabinet ;
  - département de l'audit, de l'inspection et de l'évaluation rétrospective ;
  - département de gestion des engagements et des risques ;
  - division de l'informatique et des télécommunications ;

- division des affaires juridiques et du contentieux.

- les directions :
    - direction des finances ;
    - direction des ressources humaines et de l'administration ;
    - direction des études et des financements.

Entrée en fonctionnement le 2 janvier 1977, la Banque de développement des Etats de l'Afrique centrale (Bdéac) a été créée le 3 décembre 1975 par les chefs d'Etat de l'Udéac. Le siège de cette institution financière est à Brazzaville, en république du Congo. Avec les nouvelles dispositions du traité révisé de la Cémac, approuvé le 25 juin 2008 à Yaoundé, au Cameroun, et adopté le 30 janvier 2009 à Libreville, au Gabon, la Bdéac n'est plus considérée comme une institution spécialisée de la Cémac, mais comme un organe de la Cémac à part entière.

2.2. Institutions de la Cémac

Au terme de l'article 10 du traité révisé de la Cémac du 25 juin 2008, adopté le 30 janvier 2009, dans le cadre du système institutionnel et juridique, la communauté est constituée de cinq institutions qui sont :

- l'Union économique de l'Afrique centrale (Uéac) (cf. chapitre III) ;
- l'Union monétaire de l'Afrique centrale (Umac) (cf. chapitre IV) ;
- le Parlement communautaire (cf. chapitre V) ;
- la Cour de justice (cf. chapitre V) ;
- la Cour des comptes (cf. chapitre V).

CHAPITRE III
L'UNION ECONOMIQUE DE L'AFRIQUE CENTRALE

C'est le 5 juillet 1996 que fut signée à Libreville, au Gabon, par les chefs d'Etat de la Cémac, la convention régissant l'Union économique et monétaire de l'Afrique centrale (Uéac). La première modification de la convention de l'Uéac fut signée le 25 juin 2008 à Yaoundé, au Cameroun. Elle a été ratifiée par la Conférence extraordinaire des chefs d'Etat de la Cémac, le 30 janvier 2009, à Libreville, au Gabon. Conformément à l'article 99 de la convention modifiée du 25 juin 2008, les dispositions de celle-ci ont abrogé et remplacé celles de la convention du 5 juillet 1996 régissant l'Union économique de l'Afrique centrale ainsi que tout autre texte contraire.

Par la signature de la convention du 5 juillet 1996, les chefs d'Etat de la Cémac se sont rendus compte des avantages que les Etats-membres pourraient tirer de leur appartenance à la même communauté monétaire et de la nécessité de la compléter par une union économique. Ils avaient conscience que, dans un esprit de solidarité, ils relèveraient les défis résultant de l'enclavement et de l'insularité de certains Etats-membres, par des efforts visant à réduire les entraves au développement harmonieux de la communauté.

Ils étaient aussi convaincus que l'intégration des Etats-membres en une communauté économique et monétaire exigerait la mise en commun partielle et progressive de leur souveraineté nationale au profit de la communauté, dans le cadre d'une volonté politique collective. A cela, les chefs d'Etat de la Cémac, signataires de la convention régissant l'Uéac, ont affirmé :

- la nécessité de favoriser le développement économique des Etats-membres grâce à l'harmonisation de leurs législations, à l'unification de leurs marchés intérieurs et à la mise en œuvre de politiques communes dans les secteurs essentiels de leur économie ;
- la volonté de se conformer aux principes d'une économie de marché ouverte, concurrentielle et favorisant l'allocation optimale des ressources ;
- la prise en compte des acquis obtenus dans le cadre des organisations régionales africaines auxquelles participent les Etats-membres.

Voilà pourquoi les hautes parties contractantes créèrent l'Union économique de l'Afrique centrale, en application des dispositions du traité de la Cémac, afin d'établir en commun les conditions d'un développement économique et social harmonieux, dans le cadre d'un marché ouvert et d'un environnement juridique approprié.

Avec les dispositions de la nouvelle convention modifiée régissant l'Uéac, l'union économique entend modifier ses stratégies en vue d'accélérer le processus d'intégration économique en Afrique centrale, en assurant notamment :

- l'amélioration de la cogestion et de la gouvernance des institutions de la Cémac ;
- le renforcement du poids et de la cohérence des institutions communautaires ;
- l'accélération du processus d'intégration avec, sur la base d'une vision partagée, un programme économique régional (Per) structurant, une libre circulation effective et des institutions spécialisées en phase avec la vision et les priorités ;
- la sécurisation du financement de la Cémac ;
- le renforcement de l'appropriation d'intégration par les Etats-membres.

3.1. Objectifs de l'Uéac

Au terme de l'article 2 de la convention modifiée du 25 juin 2008, adoptée le 30 janvier 2009, l'union économique a pour objectifs de :

- renforcer la compétitivité des activités économiques et financières en harmonisant les règles qui contribuent à l'amélioration de l'environnement des affaires et qui régissent leur fonctionnement ;
- assurer la convergence vers des performances soutenables par la coordination des politiques économiques et la mise en cohérence des politiques budgétaires nationales avec la politique monétaire commune ;
- créer un marché commun fondé sur la libre circulation des biens, des services, des capitaux et des personnes ;
- instituer une coordination des politiques sectorielles nationales ;
- mettre en œuvre des actions communes et en adopter des politiques communes, notamment dans les domaines suivants : l'agriculture, l'élevage, la pêche, l'industrie, le commerce, le tourisme, les transports, l'aménagement du territoire communautaire et les grands projets d'infrastructures, les télécommunications, les technologies de l'information et de la communication, le dialogue social, les questions de genre, la bonne gouvernance et les droits de l'homme, l'énergie, l'environnement et les ressources naturelles, la recherche, l'enseignement et la formation professionnelle.

Au regard des articles 3 à 6 de la convention modifiée, adoptée en janvier 2009, régissant l'union économique, la réalisation des objectifs de l'Uéac devrait prendre en compte les acquis de la Cémac et serait entreprise en deux étapes.

Au cours de la première étape, d'une durée de trois ans, à compter de l'entrée en vigueur de la convention du 25 juin 2008 et dans les conditions prévues par celle-ci, l'union économique devrait :

- harmoniser, dans la mesure nécessaire au fonctionnement du marché commun, les règles qui régissent les activités économiques et financières, et élaborer à cet effet les réglementations communes ;
- poursuivre le processus de mise en place des instruments de libre circulation des biens, des services, des capitaux et des personnes, notamment par une harmonisation de la fiscalité des activités productives et de la fiscalité de l'épargne ;
- établir, entre Etats-membres, la libre circulation des biens, des services, des capitaux et des personnes ;
- développer la coordination des politiques commerciales et des relations économiques avec les autres régions ;
- préparer des actions communes dans les domaines de l'enseignement, de la formation professionnelle et de la recherche, du dialogue social, des questions de genre, de la bonne gouvernance et des droits de l'homme.

Avant le début de la seconde étape, la Conférence des chefs d'Etat constaterait, au vu du rapport du président de la Commission Cémac et sur proposition du Conseil des ministres, l'état d'avancement du processus d'intégration économique et déciderait, le cas échéant, des actions à mener en vue de l'achèvement du programme de la première étape. Les mesures correspondantes seraient mises en œuvre en cas de besoin par voie d'actes additionnels.

Au cours de la seconde étape, d'une durée de trois ans à compter de la fin de la première étape et dans les conditions prévues par l'article 6 de la convention modifiée du 25 juin 2008, l'union économique devrait :

- mettre en œuvre un processus de coordination des politiques nationales, dans les secteurs suivants : l'agriculture, l'élevage, la pêche, l'industrie, le commerce, le tourisme, les transports, l'aménagement du territoire communautaire et les grands projets d'infrastructures, les télécommunications, les technologies de l'information et de la communication ;
- engager un processus de coordination des politiques sectorielles nationales en matière d'environnement et d'énergie ;
- renforcer et améliorer, en vue de leur interconnexion, les infrastructures de transport et de télécommunications des Etats-membres.

Au cours de cette seconde étape, la Conférence des chefs d'Etat déciderait, au vu du rapport du président de la Commission Cémac et sur proposition du Conseil des ministres de l'Uéac, de l'adoption des politiques communes dans les domaines de l'agriculture, de l'élevage, de la pêche, de l'industrie, du commerce, du tourisme, des transports, de l'aménagement du territoire communautaire et des grands projets d'infrastructures, des télécommunications, des technologies de l'information et de la communication, etc.

3.2. Organes de l'Uéac

Dans le cadre institutionnel, les organes relevant de l'Uéac sont :

- la Conférence des chefs d'Etat ;
- le Conseil des ministres de l'Uéac ;
- le Comité inter-Etats ;
- la Commission Cémac.

3.2.1. La Conférence des chefs d'Etat

La Conférence des chefs d'Etat oriente l'action du Conseil des ministres de l'Uéac. Elle adopte les actes dont la convention qui a créé l'Uéac lui confie la compétence.

3.2.2. Le Conseil des ministres de l'Uéac

Le Conseil des ministres de l'Uéac assure la direction de l'union économique par l'exercice des pouvoirs que la convention l'ayant créé lui confère. Le conseil est composé des représentants des Etats-membres, comprenant des ministres en charge des Finances, de l'Intégration et des Affaires économiques. Chaque délégation ne peut comporter plus de trois ministres et ne dispose que d'une voix.

Le Conseil des ministres de l'Uéac peut également réunir, en formation ad hoc, les ministres compétents pour les questions qui ne portent pas principalement sur la politique économique et financière. Les délibérations deviennent, dans ce cas, définitives après que le conseil en a constaté la compatibilité avec la politique économique et financière de l'union économique.

Le Conseil des ministres de l'Uéac se réunit au moins deux fois par an et aussi souvent que les circonstances l'exigent. La présidence du conseil est assurée, pour une année civile, par l'Etat-membre exerçant la présidence de la Conférence des chefs d'Etat. Lors de chaque réunion du Conseil des ministres, son président s'efforce d'aboutir à un consensus sur les décisions que celui-ci est appelé à prendre.

Lorsque le président constate qu'un consensus n'est pas réalisable, il décide de procéder à un vote selon les règles applicables pour le sujet sur lequel porte la délibération. Dans ce cas, chaque Etat-membre peut demander que le vote soit reporté à la prochaine réunion du Conseil des ministres. Lors de cette deuxième réunion, le vote ne peut être reporté qu'à la majorité simple des Etats-membres.

Lorsque la convention prévoit que le Conseil des ministres statue à la majorité simple, ses délibérations sont acquises à la majorité des membres qui le composent, dans le respect des dispositions écrites ci-dessus. Dans ce cas, chaque Etat-membre ne pourrait disposer que d'une voix. Lorsque la convention prévoit que le Conseil des ministres statue à la majorité qualifiée, ses délibérations sont acquises à la majorité des cinq sixièmes (5/6) de ses membres, dans le respect des dispositions écrites ci-dessus.

Là aussi, chaque Etat ne pourrait disposer que d'une voix. Mais, lorsque la convention prévoit que le Conseil des ministres statue à l'unanimité, les abstentions des membres du conseil ne sont pas prises en compte. Le Conseil des ministres peut déléguer, dans ce cas, une partie de ses pouvoirs à la Commission Cémac.

3.2.3. Le Comité inter-Etats

Le Comité inter-Etats examine et donne des avis sur les propositions inscrites à l'ordre du jour du Conseil des ministres de l'Uéac. Il prépare les délibérations dudit Conseil des ministres. Le Comité inter-Etats est composé d'un membre titulaire et d'un membre suppléant, désignés par chaque Etat-membre, pour un mandat de trois ans renouvelable.

Le Comité inter-Etats est présidé par le représentant de l'Etat-membre assurant la présidence du Conseil des ministres. Il ne peut délibérer valablement que si quatre des Etats-membres au moins sont représentés.

Les représentants des institutions, de la Commission Cémac, de la Banque des Etats de l'Afrique centrale et des institutions spécialisées peuvent assister aux réunions du Comité inter-Etats avec voix consultative. Cependant, le président de la Commission Cémac et les représentants des institutions spécialisées ne prennent pas part aux votes.

3.2.4. La Commission Cémac

D'une manière générale, la Commission Cémac joue un rôle prépondérant à l'égard de l'Union économique de l'Afrique centrale. C'est elle qui entérine tous les projets des décisions prises par l'Uéac avant de les soumettre aux chefs d'Etat pour approbation.

3.3. Les actions de l'union économique

Pour concrétiser ses objectifs, l'Uéac a mis en place un certain nombre d'actions. Ces actions sont scindées en trois parties :

- les politiques communes ;
- les politiques sectorielles ;
- les règles communes.

3.3.1. Les politiques communes

En matière de politiques communes, on distingue :

- la politique économique générale ;
- la fiscalité ;
- le marché commun.

3.3.1.1. La politique économique générale

La politique économique est considérée par les Etats-membres comme une question d'intérêt commun. Ces Etats veillent à leur liaison, au sein du conseil, en vue d'assurer la convergence vers des performances soutenables par la coordination des politiques économiques et la mise en cohérence des politiques budgétaires nationales avec la politique monétaire commune.

3.3.1.2. La fiscalité

L'Uéac harmonise les législations fiscales qui régissent les activités économiques et financières, en vue de la mise en œuvre de la réalisation de la poursuite du processus de mise en place des instruments de la libre circulation des biens, des services, des capitaux et des personnes, notamment par une harmonisation de la fiscalité des activités productives et la fiscalité de l'épargne.

3.3.1.3. Le marché commun

Le marché commun de l'union économique, qui se veut fondé sur la libre circulation des biens, des services, des capitaux et des personnes, comporte entre autres :

- l'élimination des droits de douane intérieurs, des restrictions quantitatives à l'entrée et à la sortie des marchandises, des taxes d'effet équivalent, de toute autre mesure d'effet équivalent susceptible d'affecter les transactions entre les Etats-membres ;

- l'établissement d'une politique commerciale commune envers les Etats tiers ;
- l'adoption des règles communes de concurrence applicables aux entreprises et aux aides d'Etat ;
- la mise en œuvre du principe de liberté de circulation des travailleurs, de liberté d'établissement, de liberté des prestations de services, de liberté d'investissement et de mouvements des capitaux ;
- l'harmonisation et la reconnaissance mutuelle des normes techniques ainsi que des procédures d'homologation et de certification.

Au terme de l'article 13 de la convention modifiée de l'Uéac du 25 juin 2008, la réalisation de ce marché commun devait être parachevée au plus tard à la fin de la période de trois ans, correspondant à la seconde étape de la construction de l'union économique.

Par conséquent, les Etats-membres devraient s'abstenir, dès l'entrée en vigueur de la convention régissant l'Uéac :

- d'introduire, entre eux, tout nouveau droit de douane à l'importation et à l'exportation, toute taxe d'effet équivalent et d'augmenter ceux qu'ils appliquent dans leurs relations commerciales mutuelles ;
- d'introduire, entre eux, de nouvelles restrictions quantitatives à l'exportation ou à l'importation ou mesure d'effet équivalent, non justifiées par une exception telle que pour des raisons de moralité publique, d'ordre public, de sécurité publique, de protection de la santé ou de la vie des personnes et des animaux, de préservation des végétaux, de

protection des patrimoines culturel, historique ou archéologique, de protection de la propriété intellectuelle, ainsi que de rendre plus restrictifs les contingentements et normes d'effet équivalent existants ;

- d'introduire toute disposition en faveur d'une entreprise établie sur leur territoire visant à des dérogations ou des exonérations susceptibles d'affecter la concurrence entre les entreprises de l'union économique.

Le Conseil des ministres arrête, en vue de la réalisation de certains objectifs, à la majorité qualifiée de ses membres et sur proposition du président de la commission, les règlements relatifs à :

- l'interdiction des accords, associations et pratiques concertées entre entreprises, ayant pour objet ou pour effet de restreindre ou de fausser le jeu de la concurrence à l'intérieur de l'union économique ;
- l'interdiction de toute pratique, d'une ou plusieurs entreprises, constituant un abus de position dominante sur le marché commun ou dans une partie significative de celui-ci ;
- l'interdiction des aides publiques susceptibles de fausser la concurrence en favorisant certaines entreprises ou certaines productions.

Toutefois, ces règlements doivent préciser les interdictions et pourront prévoir des exceptions limitées afin de tenir compte des situations spécifiques.

Conformément à l'article 27 de la convention modifiée du 25 juin 2008, adoptée en janvier 2009, le Conseil des ministres de l'Uéac veille au respect des règles suivantes :

a) la libre circulation des travailleurs ou de la main-d'œuvre, qui implique :

- l'harmonisation préalable dans un délai maximum de trois ans :
  • des règles relatives à l'immigration dans chaque Etat-membre ;
  • des dispositions pertinentes des codes de travail nationaux ;
  • des dispositions législatives et réglementaires applicables aux régimes et organismes de protection sociale ;

- l'abolition, dans un délai maximum de trois ans, de toute discrimination fondée sur la nationalité, entre travailleurs des Etats-membres, en ce qui concerne la recherche et l'exercice d'un emploi, à l'exception des emplois dans les secteurs public, parapublic et stratégique ;

- le droit d'entrer, de se déplacer et de séjourner sur le territoire des Etats-membres, sous réserve des limitations pour des raisons d'ordre public et de santé publique ;

- le droit de s'établir sur le territoire d'un Etat-membre, à la condition soit d'y avoir exercé un ou plusieurs emplois pendant une période d'au moins cinq ans, soit de pouvoir justifier des moyens de subsistance dont la nature et la consistance seraient déterminées par un règlement du Conseil des ministres de l'Uéac.

b) le droit d'établissement comporte :

- l'accès pour les investisseurs de la sous-région aux activités non salariées et à leur exercice, ainsi que l'acquisition, la constitution et la gestion d'entreprises dans les conditions définies par la législation du pays d'établissement ;

- l'harmonisation progressive des dispositions nationales réglementant l'accès aux activités non salariées et l'exercice de celles-ci.

c) la liberté de prestations de services :

- appliquée par priorité aux services qui interviendraient, de façon directe, dans les coûts de production ou dont la libération contribuerait à faciliter les échanges des marchandises ;

- bénéficiée par des personnes physiques et morales, notamment aux investisseurs de la sous-région, aux salariés et à leur exercice.

3.3.2. Les politiques sectorielles

Les politiques sectorielles comportent :
- l'enseignement, la recherche, la formation professionnelle et la santé ;
- les transports, l'aménagement du territoire communautaire et les grands projets d'infrastructures, les télécommunications, les technologies de l'information et de la communication et la société de l'information ;
- l'agriculture, l'élevage et la pêche ;
- l'énergie ;

- l'industrie ;
- le tourisme ;
- la bonne gouvernance, les droits de l'homme, de dialogue social et les questions de genre.

3.3.2.1. L'enseignement, la recherche professionnelle et la santé publique

Les actions communes à entreprendre ont pour but de rationaliser et d'améliorer les performances dans les domaines de l'enseignement scientifique et technique, notamment celui de l'enseignement supérieur, de la recherche, de la formation professionnelle ainsi que de la santé publique.

Ces actions peuvent comporter :

- la création et le développement d'institutions communes d'enseignement supérieur, de recherche et de formation professionnelle permettant dans certains domaines le rassemblement des moyens mis en œuvre par les Etats-membres ;
- l'ouverture, aux mêmes conditions d'accès que les nationaux, des établissements d'enseignement à tous les ressortissants de la Cémac ;
- la coordination des programmes d'enseignement, de recherche et de formation professionnelle ;
- l'évaluation des résultats de l'enseignement supérieur et de la formation professionnelle, dispensés par les Etats-membres ;
- la reconnaissance mutuelle des diplômes sanctionnant les formations, dispensées dans les Etats-membres, par les établissements publics et privés reconnus par les Etats ;
- l'harmonisation des conditions et des normes d'équivalences des diplômes dans les pays tiers ;

- l'instauration d'un dialogue permanent, entre les Etats-membres et le secteur privé, en vue d'une adéquation formation-emploi au niveau communautaire ;
- la coordination des programmes, la rationalisation et la mise en commun des moyens communautaires pour la protection de la santé publique et l'amélioration du niveau sanitaire des populations.

Sur proposition du président de la Commission Cémac, les règlements, directives et recommandations nécessaires aux actions ci-dessus citées sont arrêtés par le Conseil des ministres de l'Uéac.

3.3.2.2. Les transports, l'aménagement du territoire communautaire et les grands projets d'infrastructures, les télécommunications, les technologies de l'information et de la communication et la société de l'information

Les orientations générales applicables, dans ces domaines, consistent à prendre des mesures destinées à :

a) améliorer les infrastructures de transport et renforcer leur interconnexion ;

b) promouvoir l'aménagement du territoire et des grandes infrastructures communautaires ;

c) faciliter l'accès des populations des Etats-membres aux technologies de l'information et de la communication en prenant, notamment, les dispositions relatives :

- à l'harmonisation des plans nationaux d'aménagement, avec comme priorité le désenclavement

des zones difficilement accessibles et la réalisation de grands pôles de développement économique ;
- au développement et au déploiement des réseaux plus étendus de communication sans fil à faible coût ;
- à l'harmonisation des systèmes de communication au niveau national, communautaire et international, et les adapter aux nouvelles technologies.

3.3.2.3. L'agriculture, l'élevage et la pêche

Dans le domaine de l'agriculture, l'élevage et la pêche, le Conseil des ministres :

- définit, par voie de règlements, les systèmes mutuels d'information auxquels participent les Etats-membres en vue de la coordination de leurs politiques agricoles, pastorales et piscicoles ;
- définit, par voie de recommandations, les orientations que les Etats-membres sont invités à mettre en œuvre, simultanément, en vue de l'amélioration de l'efficacité économique et sociale des secteurs de l'agriculture, de l'élevage et de la pêche ;
- engage, par voie de règlements ou de directives, des actions portant notamment sur l'organisation commune de la recherche.

3.3.2.4. L'énergie

En matière d'énergie, le Conseil des ministres de l'Uéac définit :

- par voie de règlements, les systèmes mutuels d'information auxquels participent les Etats-

membres, en vue de la coordination de leurs politiques énergétiques ;
- par voie de recommandations, les orientations que les Etats-membres sont invités à mettre en œuvre, simultanément, en vue notamment de la sauvegarde et du développement des ressources énergétiques ;
- par voie de recommandations, les politiques de promotion, de développement et de vulgarisation des énergies renouvelables que les Etats-membres sont invités à appliquer ;
- par voie de recommandations, l'élaboration et la mise en œuvre d'une politique énergétique commune.

De son côté, la Conférence des chefs d'Etat veille à la gestion optimale et au développement des ressources énergétiques des Etats-membres, ainsi qu'à la sécurité des approvisionnements énergétiques.

3.3.2.5. La protection de l'environnement et des ressources naturelles

Dans le cadre de la protection de l'environnement et des ressources naturelles, le Conseil des ministres de l'Uéac :
- définit, par voie de règlements, les systèmes mutuels d'information auxquels participent les Etats-membres, en vue de la coordination de leurs politiques, en matière de protection de l'environnement et des ressources naturelles ;
- définit, par voie de recommandations, les orientations que les Etats-membres sont invités à mettre en œuvre en vue de la protection, de la restauration et de l'amélioration de la qualité de l'environnement et des ressources naturelles ;

- engage, par voie de règlements ou de directives, des actions pilotes communes en la matière.

La Conférence des chefs d'Etat, dans l'exercice du pouvoir qui lui est conféré par convention et dans le respect des missions imparties, dans ce domaine, aux institutions spécialisées de l'union économique, veille à la prise en compte des objectifs suivants :

- la lutte contre la désertification, la sécheresse et le déboisement ;
- l'exploitation rationnelle des forêts tropicales, des ressources en eau, des ressources côtières, marines et halieutiques, de la flore et des sols, ainsi que la protection de la biodiversité ;
- la protection des écosystèmes fragiles, notamment les récifs coralliens ;
- la mise au point des solutions novatrices pour les problèmes écologiques urbains et ruraux ;
- la gestion rationnelle des déchets dangereux et l'interdiction de leur importation.

3.3.2.6. L'industrie

En matière d'industrie, le Conseil des ministres de l'Uéac définit, à la majorité de ses membres, par voie de règlements et sur proposition du président de la Commission Cémac :

- les systèmes mutuels d'information auxquels participent les Etats-membres, en vue de la coordination de leurs politiques industrielles ;
- les conditions dans lesquelles il peut être dérogé, dans certains secteurs de l'économie, au droit à la concurrence de l'union économique.

La Conférence des chefs d'Etat et le Conseil des ministres de l'Uéac, dans l'exercice des pouvoirs que leur confère la convention, veillent à la compatibilité des objectifs et des méthodes de la politique industrielle commune avec la construction progressive d'un marché ouvert et concurrentiel.

Les objectifs suivants devraient en particulier être pris en compte, à savoir :

- le renforcement du partenariat (secteur public - secteur privé) ;
- le renforcement des infrastructures de soutien à la compétitivité, notamment des organismes de normalisation, de certification de qualité ;
- l'accroissement de la valeur ajoutée intérieure et la promotion de l'utilisation et de la valorisation des ressources locales ;
- la recherche de la spécialisation et de la complémentarité, par le renforcement des relations inter et intra-sectorielles, la réhabilitation, la restructuration de certains secteurs industriels ;
- le soutien des industries exportatrices et des sous-secteurs jugés prioritaires ou stratégiques ;
- le développement et l'acquisition des technologies ;
- l'harmonisation des cadres réglementaires des activités industrielles et minières, notamment l'élaboration d'un code communautaire des investissements.

3.3.2.7. Le tourisme

Pour le tourisme, le Conseil des ministres de l'Uéac :

- définit, par voie de règlements, les systèmes mutuels d'information auxquels participent les Etats-membres, en vue de la coordination de leurs politiques touristiques ;

- définit, par voie de recommandations, les orientations que les Etats-membres sont invités à mettre en œuvre, en vue du développement du tourisme ;
- engage, par voie de règlements ou de directives, des actions communes comportant, notamment, la promotion de circuits touristiques inter-Etats et l'allégement des contrôles.

Ainsi, la Commission Cémac, dans le respect des missions imparties dans ce domaine aux organisations régionales spécialisées, veille à la prise en compte des objectifs suivants :
- la promotion et la protection des valeurs culturelles nationales et du patrimoine artistique des Etats ;
- la promotion des valeurs culturelles communes ;
- la protection de la qualité de l'environnement dans les sites touristiques ;
- la promotion du tourisme durable ;
- la protection des populations contre la délinquance internationale.

3.3.2.8. La bonne gouvernance, les droits de l'homme, le dialogue social et les questions de genre

Dans ce cadre-là, le Conseil des ministres de l'Uéac définit, par voie de règlements, sur proposition du président de la commission et à la majorité de ses membres, les actions suivantes, en vue de :
- promouvoir la démocratie, la dignité humaine, la justice sociale et le pluralisme, dans le respect de la diversité au sein des sociétés des Etats-membres ;
- promouvoir le respect universel et la protection des droits de l'homme et des libertés fondamentales ;

- développer et renforcer l'Etat de droit et améliorer l'accès à la justice, tout en garantissant le professionnalisme et l'indépendance des systèmes judiciaires ;
- promouvoir une gestion transparente des affaires publiques et une administration efficace et responsable dans toutes les institutions nationales et communautaires ;
- réformer et moderniser les fonctions publiques nationale et communautaire ;
- assurer une décentralisation politique, administrative et financière ;
- promouvoir le dialogue social et le dialogue public - privé au sein de la communauté ;
- intégrer les questions de genre dans toute politique nationale et communautaire et adopter les mesures positives spécifiques en faveur des femmes.

3.3.3. Les règles communes

Dans le cadre du programme de travail selon lequel il est tenu compte des priorités et de l'action de l'union économique, et sans préjudice des attributions de compétences spécifiques prévues dans la convention de l'Uéac ou celle de l'Umac, le Conseil des ministres de l'Uéac adopte à l'unanimité et sur proposition du président de la Commission Cémac les réglementations communes relatives à l'harmonisation des règles qui régissent les activités économiques et financières. Ces réglementations peuvent prendre la forme de règlements, de règlements-cadres ou de directives. Dans ces deux derniers cas, les Etats-membres complètent leurs dispositions et prennent les actes d'application nécessaires, conformément à leurs règles constitutionnelles respectives.

3.4. Le dispositif de surveillance multilatérale

Les Etats-membres s'accordent, au sein du Conseil des ministres de l'Uéac, sur les grandes orientations de politiques économiques qu'ils s'engagent à respecter en harmonisant et en coordonnant leurs politiques nationales. L'exercice de surveillance par le Conseil des ministres de l'Uéac consiste à vérifier, d'une part, la conformité des politiques économiques à ces grandes orientations et, d'autre part, la cohérence des politiques nationales avec la politique monétaire commune. Le président de la commission veille à la mise en œuvre et au respect de la procédure de surveillance multinationale. Il effectue cette tâche en concertation avec le gouverneur de la Béac.

Le dispositif de surveillance multilatérale s'articule autour :

- d'une cellule nationale par Etat-membre ;
- d'une cellule communautaire ;
- d'un collège de surveillance ;
- du Conseil des ministres.

3.4.1. Les cellules nationales

Les cellules nationales sont chargées de rassembler et de mettre en cohérence les données statistiques nationales à partir desquelles s'exerce la surveillance, de les transmettre à la cellule communautaire dans les formes et les fréquences fixées par le collège de surveillance, de vérifier leur couverture et leur pertinence.

Les cellules nationales suivent l'évolution de l'économie et des politiques économiques. Elles informent la cellule communautaire de toute décision ou événement relatif à la politique économique de leurs Etats. Elles rédigent des rapports périodiques d'analyses pour leurs autorités et pour la cellule communautaire. Elles examinent pour leurs autorités le rapport périodique de la cellule communautaire.

Chaque cellule nationale comprend au minimum un représentant de l'administration en charge de la formulation de la politique macro-économique, un représentant de l'administration chargée de la statistique et un représentant local de la Béac. Les membres des cellules nationales sont désignés par les Etats-membres et par la Béac, pour ce qui concerne leurs représentants.

Leur mandat est de trois ans renouvelable. Dans le cadre exclusif de leur mandat, ils sont autorisés à communiquer entre eux, avec les membres des autres cellules nationales et de la cellule communautaire. Les Etats-membres s'engagent à leur assurer la stabilité et l'indépendance nécessaires au bon exercice de leur mission.

3.4.2. La cellule communautaire

La cellule communautaire est chargée de rassembler les données de l'environnement international et d'intérêt communautaire, pertinentes pour l'exercice de la surveillance, de les transmettre aux cellules nationales dans les formes et les fréquences fixées par le collège de surveillance.

La cellule communautaire rédige périodiquement le rapport d'exécution de la surveillance sur l'état de la convergence dans l'union économique.
Ce rapport analyse en fait les économies et les politiques des Etats-membres de l'union économique du point de vue de la convergence et de leur conformité aux grandes orientations et à la discipline communautaire. Le rapport

de la cellule communautaire tient également compte des programmes d'ajustement, éventuellement en vigueur, au niveau de l'union économique et des Etats-membres. Il est communiqué aux cellules nationales pour examen en collège de surveillance et transmis au Conseil des ministres de l'Uéac.

La cellule communautaire est supervisée par le président de la Commission Cémac et comprend au minimum un représentant de la Béac, nommé par le gouverneur, et un macro-économiste de la commission, nommé par le président de la Commission Cémac.

3.4.3. Le collège de surveillance

Le collège de surveillance veille au bon fonctionnement de la cellule communautaire et des cellules nationales. Ce collège est composé de deux représentants par cellule nationale, désignés à titre personnel, et de deux représentants de la cellule communautaire dont un de la Béac et un autre de la Commission Cémac.

Le conseil de surveillance est présidé par le président de la Commission Cémac. Il se réunit au moins deux fois par an, sur convocation du président de la Commission Cémac, en vue de préparer les réunions du Conseil des ministres de l'Uéac relatives à l'exercice de la surveillance multilatérale.

3.4.4. Le Conseil des ministres

L'exercice de surveillance par le Conseil des ministres de l'Uéac consiste à vérifier, d'une part, la conformité des politiques économiques à ses grandes orientations et, d'autre part, la cohérence des politiques nationales avec la politique monétaire commune. Sur rapport du président de la Commission Cémac, le Conseil des ministres de l'Uéac, après avis du collège de surveillance, se prononce au moins une fois par an sur les grandes orientations des politiques économiques des Etats-membres et de l'union économique. A cet effet, il adresse, sur proposition du président de la Commission Cémac, des recommandations aux Etats-membres.

Par conséquent, les gouvernements des Etats-membres de la Cémac informent le président de la commission de toute décision nationale susceptible de modifier les données fondamentales de leurs économies ou de celles de l'union économique.

CHAPITRE IV
L'UNION MONETAIRE DE L'AFRIQUE CENTRALE

L'Union monétaire de l'Afrique centrale (Umac) se caractérise par l'adoption d'une même unité monétaire dont l'émission est confiée à un institut d'émission commun, qui n'est autre que la Banque des Etats de l'Afrique centrale (Béac).

L'union monétaire participe à l'exercice de la surveillance multilatérale, dans les conditions prévues par la convention régissant l'Union économique de l'Afrique centrale (Uéac), par la coordination des politiques économiques et la mise en cohérence des politiques budgétaires nationales avec la politique monétaire commune.

L'Union monétaire de l'Afrique centrale s'assure en outre de la stabilité financière dans la communauté. Aussi, les Etats-membres de la Cémac s'engagent à apporter leur concours à l'union monétaire, afin d'assurer le plein respect des dispositions contenues dans la convention ayant créé l'Umac et des textes pris pour son application, notamment en ce qui concerne :

- les règles génératrices de l'émission monétaire ;
- la mise en commun des réserves de changes ;
- la libre circulation des signes monétaires et la liberté des transferts entre les Etats-membres de l'union monétaire ;
- les mesures d'harmonisation des législations (monétaire, bancaire et financière) et du régime des changes ;
- les procédures de mise en cohérence des politiques économiques.

A priori, les actes juridiques pris par les organes et les institutions spécialisées de l'union monétaire, pour la réalisation des objectifs de la convention de l'Umac et conformément aux procédures instituées par elle, sont applicables dans chaque Etat-membre.

Les Etats-membres apportent leur concours à la réalisation des objectifs de l'union monétaire, en adoptant toutes mesures internes propres à assurer l'exécution des obligations découlant de la convention de l'Umac. Ils s'abstiennent de toute mesure susceptible de faire obstacle à l'application de la convention régissant l'Umac et des actes juridiques adoptés pour sa mise en œuvre. L'unité monétaire légale des Etats-membres de l'union est le franc de la coopération financière en Afrique (F CFA Béac).

4.1. Création de l'Umac

La convention régissant l'Union monétaire de l'Afrique centrale (Umac) a été signée le 5 juillet 1996 à Libreville, au Gabon, par les chefs d'Etats-membres de la Cémac. Par la suite, cette convention a été modifiée le 25 juin 2008 à Yaoundé, au Cameroun, par la Conférence des chefs d'Etat, puis ratifiée par la Conférence extraordinaire des chefs d'Etat de la Cémac le 30 janvier 2009 à Libreville, au Gabon. C'est à Yaoundé, au Cameroun, où est établi le siège de l'Umac.

Dès l'entrée en vigueur de la convention modifiée du 25 juin 2008, les dispositions de celle-ci se sont substituées à celles de la convention du 5 juillet 1996 régissant l'Umac. Cependant, les droits et obligations de la Béac et des institutions spécialisées existantes n'ont pas été, à l'égard des tiers, affectés par cette substitution. Tout Etat-membre peut soumettre à la Conférence des chefs d'Etat des projets tendant à la révision de la convention ayant régi l'Umac. Toute modification est, à cet égard, adoptée à l'unanimité des Etats-membres.

En cas de non-respect des engagements pris par un Etat-membre pour apporter son concours à l'Umac afin d'assurer le plein respect des dispositions prévues dans la convention, la Conférence des chefs d'Etat de la Cémac pourrait constater le retrait de cet Etat, à l'unanimité des autres chefs d'Etat de l'union monétaire.

En signant le 5 juillet 1996 la convention régissant l'union économique, les chefs d'Etat de la Cémac ont vu les avantages que les Etats-membres pourraient tirer de leur appartenance à la même communauté monétaire. Ils ont vu également la nécessité de consolider les acquis de la coopération monétaire existant entre les Etats-membres par l'effet des conventions des 22 et 23 novembre 1972 signées, à Brazzaville, entre les Etats-membres de la Banque des Etats de l'Afrique centrale d'une part, et entre ceux-ci et la République française d'autre part, ainsi que du protocole additionnel du 24 août 1984 relatif à l'adhésion de la Guinée équatoriale à la convention de la coopération monétaire.

Ces chefs d'Etat furent en fait convaincus qu'il est de l'intérêt propre de leurs pays et de l'intérêt commun d'intégrer leur coopération monétaire au sein d'une union monétaire articulée autour d'un institut d'émission commun. Ils ont estimé que seul le respect des droits et obligations incombant aux participants à une union permettrait son fonctionnement harmonieux dans l'intérêt commun, comme dans l'intérêt propre de chacun de ses membres.

Enfin, ils se sont souciés de la nécessité de consolider la communauté de monnaie et les interdépendances que celle-ci entraînerait par une mise en cohérence de leurs politiques économiques et un développement harmonisé de leurs économies nationales. C'est dans ce contexte que les conventions du 22 et 23 novembre 1972, ci-dessus citées, ont été révisées le 25 juin 2008.

4.2. Organes de l'Umac

Dans le cadre des dispositions institutionnelles, les organes de l'Umac comprennent :

- la Conférence des chefs d'Etat ;
- le Comité ministériel ;
- la Banque des Etats de l'Afrique centrale (Béac) ;
- la Commission bancaire de l'Afrique centrale (Cobac).

Au terme de l'article 10 de la convention modifiée du 25 juin 2008, adoptée le 30 janvier 2009, régissant l'union monétaire, pourrait faire partie des organes de l'Umac tout autre organe approprié créé par la Conférence des chefs d'Etat dans le cadre de l'Umac.

4.2.1. La Conférence des chefs d'Etat

La Conférence des chefs d'Etat est l'autorité suprême de l'union monétaire. A ce titre, cette conférence :

- décide de l'adhésion de tout nouveau membre ;
- prend acte du retrait d'un membre de l'union monétaire ;
- fixe le siège des organes et des institutions spécialisées de l'union monétaire ;
- nomme et révoque les responsables des organes et des institutions spécialisées de l'Umac, sur

proposition du Comité ministériel, dans les conditions prévues par les conventions, statuts et textes spécifiques qui les régissent.

4.2.2. Le Comité ministériel

Le Comité ministériel examine les grandes orientations des politiques économiques respectives des Etats-membres de l'union monétaire. Il assure la cohérence avec la politique monétaire commune.

A cet effet, le Comité ministériel :

- veille à l'application des dispositions de la convention régissant l'Umac et fait toute recommandation utile, à la Conférence des chefs d'Etat, tendant à l'adapter à l'évolution économique et monétaire de l'union ;
- décide, sur proposition du conseil d'administration, de toute augmentation ou réduction du capital de la Banque des Etats de l'Afrique centrale ;
- donne un avis conforme sur les propositions de modification des statuts de la Béac soumises par le conseil d'administration ;
- ratifie les comptes annuels de la Béac, approuvés par le conseil d'administration et décide, sur proposition de celui-ci, de l'affectation des résultats ;
- propose à la Conférence des chefs d'Etat, dans les conditions prévues par leurs textes spécifiques respectifs, la nomination et la révocation des principaux responsables des organes et institutions spécialisées de l'union ;
- nomme et révoque les responsables des autres organes et institutions spécialisées de l'Umac ;
- fixe, après avis de leurs instances de décision

respectives, la rémunération, les indemnités et les avantages accordés aux principaux responsables des organes et institutions spécialisées de l'Umac, nommés par la Conférence des chefs d'Etat ;
- approuve le budget des autres organes et institutions spécialisées de l'Umac, avant sa présentation à la Conférence des chefs d'Etat.

Par ailleurs, le Comité ministériel statue, sur proposition du conseil d'administration de la Béac, sur :
- la création et l'émission des billets de banque et des monnaies métalliques ainsi que leur retrait et leur annulation ;
- la valeur faciale et la forme des coupures, les signatures dont elles doivent être revêtues ainsi que les modalités de leur identification par Etat ;
- les caractéristiques des monnaies métalliques ;
- le délai pendant lequel les billets et monnaies retirés de la circulation doivent impérativement être présentés à la Béac, sous peine de perdre leur pouvoir libératoire ;
- l'affectation de la contre-valeur du solde des billets et monnaies retirés de la circulation non présentés aux guichets de la Béac.

4.2.2.1. Composition du Comité ministériel

Chaque Etat-membre est représenté au Comité ministériel par deux ministres, dont le ministre chargé des Finances, et n'y dispose que d'une voix exprimée par ce dernier. La présidence du Comité ministériel est tournante.

Elle est assurée, pour une année civile et par ordre alphabétique des Etats-membres, par le ministre chargé des Finances. Le Comité ministériel se réunit au moins deux fois par an, dont une fois pour la ratification des comptes de la Béac.

Les réunions du Comité ministériel ont lieu sur convocation de son président en exercice, agissant sur sa propre initiative ou à la demande de la moitié de ses membres, ou encore à la demande motivée de l'un des responsables des organes ou institutions spécialisées de l'union monétaire.

Les ministres représentant chacun des Etats-membres au Comité ministériel de l'union monétaire sont membres de droit des comités monétaires et nationales de leurs Etats d'origine.

4.2.2.2. Fonctionnement du Comité ministériel

Le président de la Commission Cémac assiste aux réunions du Comité ministériel avec voix consultative. Assistent également à ces réunions les responsables des organes et des institutions spécialisées de l'union monétaire, avec voix consultative. Lors de ces réunions, chaque responsable des organes ou institutions de l'union rapporte les affaires inscrites dans l'ordre du jour concernant son organe ou son institution.

Le Comité ministériel délibère valablement lorsque chaque Etat-membre est représenté. Ainsi, les décisions du Comité ministériel de l'Umac sont prises à l'unanimité ou, à défaut, à la majorité des cinq sixièmes dans certains cas. Le Comité ministériel peut déléguer une partie de ses pouvoirs à son président. Les frais de fonctionnement du Comité ministériel de l'Umac sont à la charge des organes et/ou institutions spécialisées de celle-ci, dans les conditions définies par le règlement intérieur de ce comité.

4.2.3. La Banque des Etats de l'Afrique centrale (Béac)

La Banque des Etats de l'Afrique centrale (Béac) a pour objectif de garantir la stabilité de la monnaie dans la sous-région. De ce fait, il a été confié à la Béac le privilège exclusif de l'émission monétaire sur le territoire de chaque Etat-membre de l'union monétaire. La Banque des Etats de l'Afrique centrale apporte son soutien aux politiques économiques générales élaborées par les Etats-membres. Elle assiste également ceux-ci dans leurs relations avec les institutions financières internationales.

En outre, les missions fondamentales relevant de la Béac consistent à :

- définir et conduire la politique monétaire de l'union ;
- émettre les billets de banque et les monnaies métalliques qui ont cours légal et pouvoir libératoire dans l'union monétaire ;
- conduire la politique de change de l'union ;
- détenir et gérer les réserves officielles de change des Etats-membres ;
- promouvoir le bon fonctionnement des systèmes de paiement et de règlement ;
- assister les Etats-membres dans leurs relations avec les institutions financières internationales.

L'unité monétaire légale des Etats-membres de la Cémac est le franc de la coopération financière en Afrique centrale (F CFA Béac). Les signes monétaires, mis en circulation par la Béac dans chaque Etat-membre de l'union monétaire, ont cours légal et pouvoir libératoire dans les autres Etats-membres. La Béac établit, pour chaque Etat, une situation distincte de l'émission monétaire et de ses contreparties.

La Béac centralise les avoirs extérieurs des Etats-membres dans un fonds commun de réserves de change. Ces réserves de change font l'objet d'un dépôt auprès du Trésor français, dans un compte courant dénommé « compte d'opérations », dont les conditions d'approvisionnement et de fonctionnement sont précisées dans une convention spéciale signée entre le président du conseil d'administration de la Béac et le représentant de l'Etat français, après avis conforme du Comité ministériel.

Toutefois, dans le cadre de la convention de coopération monétaire avec la France et en fonction de l'évolution économique et des courants commerciaux des Etats-membres, une partie de ces réserves peut être détenue en dehors du compte d'opérations, conformément aux statuts de la Béac. Le conseil d'administration est composé, sauf avis contraire, de deux administrateurs par Etat-membre et de deux administrateurs représentant la France, avec égalité de voix.

Les six Etats de la Cémac appartiennent à la zone Franc. Leur monnaie commune, le franc CFA, est rattachée à l'euro, avec une parité fixe (1 euro = 655,957 F CFA). Le transfert de capitaux entre les pays-membres et les pays de la zone Franc est libre et aisé.

La Béac a été créée par les conventions de coopération monétaire signées à Brazzaville le 22 et 23 novembre 1972, respectivement entre les cinq Etats fondateurs (Cameroun, Centrafrique, Congo, Gabon et Tchad) et entre ceux-ci et la France. La Béac, dont le siège est à Yaoundé, au Cameroun, a officiellement démarré ses activités le 2 avril 1973.

4.2.4. La Commission bancaire de l'Afrique centrale (Cobac)

La Commission bancaire de l'Afrique centrale (Cobac) est un organe d'exécution de l'union monétaire qui exerce, dans les Etats-membres de la Cémac, l'harmonisation des réglementations et le contrôle de l'activité bancaire et de la micro-finance. La Cobac est habilitée à superviser les établissements de crédit en activité ou en cours de liquidation. On entend par établissements de crédit : les banques, les établissements financiers et les établissements mutualistes d'épargne et de crédit. Les assurances et les caisses de chèques postaux en sont exclues.

C'est le 16 octobre 1990 qu'a été signée, à Yaoundé, au Cameroun, la convention portant création d'une Commission bancaire de l'Afrique centrale. Cette commission est chargée de veiller au respect des dispositions législatives et réglementaires, édictées par les autorités par la Banque centrale ou par la Cobac elle-même.

Quant à l'activité bancaire, elle est régie par la convention du 17 janvier 1992 portant harmonisation de la réglementation bancaire dans les Etats de l'Afrique centrale. Les attributions et les pouvoirs de la Cobac sont définis par la convention qui l'a créée. Les deux conventions font force de loi dans les pays-membres et priment sur toutes les lois bancaires nationales préexistantes. Elles confèrent à la Cobac des pouvoirs et des compétences diverses en matière de réglementation et d'organisation de l'activité bancaire.

4.2.4.1. Les compétences et pouvoirs de la Cobac

Les compétences et pouvoirs en matière de réglementation et d'organisation de l'activité bancaire sont, notamment :

- le pouvoir administratif ;
- le pouvoir de contrôle ;
- le pouvoir réglementaire ;
- le pouvoir de sanction.

- **Le pouvoir administratif**

Ce sont les autorités monétaires nationales de chaque pays qui ont compétence pour délivrer les agréments des établissements de crédit et de leurs dirigeants. Toutefois, la Cobac détient le pouvoir d'autorisation préalable sur tous les actes essentiels à la vie de ces établissements. Aucune banque ou établissement financier ne peut s'implanter avant l'avis conforme de la Cobac.

Il en est de même pour la désignation des directeurs généraux et adjoints, ainsi que des commissaires aux comptes. La Cobac peut prendre des mesures conservatoires en mettant un établissement de crédit sous le régime d'administration provisoire et est habilitée à nommer un liquidateur dans les établissements qui cessent d'être agréés.

- **Le pouvoir réglementaire**

Sur ce point, la Cobac dispose de toutes les compétences pour définir le plan et les procédures comptables applicables aux établissements de crédit, et les normes prudentielles de gestion (ratios de solvabilité, de liquidité, de division des risques, de transformation, de couverture des immobilisations par les ressources permanentes, etc.). La Cobac est aussi habilitée à établir la teneur et les délais de transmission des documents et des informations que les assujettis sont tenus de lui adresser.

En matière du dispositif prudentiel de la Cobac, il a été élaboré en s'inspirant étroitement des principes édictés par le comité de Bâle sur le contrôle bancaire, et en s'appuyant sur les spécificités des économies des pays-membres.

- **Le pouvoir de contrôle**

La Cobac veille à ce que la réglementation bancaire soit respectée par les établissements de crédit. Pour ce faire, elle organise et exerce, par l'intermédiaire de son secrétariat général, des contrôles sur place et sur pièces de ces établissements. Elle est habilitée à diligenter toutes les vérifications décidées par la commission ou commandées par l'urgence.

Les autorités monétaires nationales sont simplement informées du déclenchement et du résultat des enquêtes sur place, tandis que la Cobac garde l'entière maîtrise du déroulement des missions. Dans le cadre des enquêtes diligentées, les commissaires aux comptes, et tout autre organisme public ou privé, sont tenus de satisfaire aux demandes motivées des missions, sans pouvoir invoquer le secret professionnel.

- **Le pouvoir de sanction**

La Cobac, étant également un organe juridictionnel, peut intervenir à titre disciplinaire, sans préjudice des sanctions que pourraient prendre les autorités judiciaires nationales. Ainsi, lorsqu'un établissement n'a pas déféré à une sanction ou tenu compte d'une mise en garde ou enfreint gravement la réglementation, et que ses dirigeants ont été appelés à formuler leurs observations, la Cobac peut prononcer une ou plusieurs des sanctions suivantes : avertissement, blâme, interdiction d'effectuer certaines opérations ou toute autre limitation dans l'exercice de l'activité bancaire, suspension ou révocation des commissaires aux comptes, suspension ou démission d'office des dirigeants responsables et, enfin, retrait d'agrément de l'établissement.

4.2.4.2. Organisation de la Cobac

Elle comprend un organe de décision (la Commission bancaire) où siègent les commissaires et un organe d'exécution (secrétariat général).

- **Organe de décision**

La Commission bancaire de la Cobac est l'organe de décision. Cette commission est présidée par le gouverneur de la Béac, assisté et suppléé par le vice-gouverneur. Outre le gouverneur et le vice-gouverneur, la Commission bancaire compte onze membres, dont un représentant de la France, qui furent installés officiellement dans leurs fonctions le 22 janvier 1993.

Ces membres sont répartis de la manière suivante :

- sept commissaires ou leurs suppléants, choisis dans les Etats-membres à raison d'un commissaire par Etat, le septième membre étant tournant entre les Etats-membres de la Cémac.
  Les commissaires de la Cobac sont nommés pour un mandat de trois ans, renouvelable deux fois, sur proposition du gouverneur de la Béac, par le conseil d'administration de cette dernière. Ils n'y siègent pas en qualité de représentants des pouvoirs publics, ce sont des techniciens choisis en fonction de leur honorabilité et de leurs compétences en matière bancaire, financière et juridique ;

- trois commissaires ou leurs suppléants, nommés ès qualités de censeurs de la Béac ;
- un commissaire ou son suppléant représentant la Commission bancaire française, désignés par le gouverneur de la Banque de France.

La commission se réunit au moins deux fois par an, et autant que nécessaire, à l'initiative du président. Pendant les réunions, les décisions sont arrêtées à la majorité des deux tiers des voix exprimées.

- **Organe d'exécution**

Le secrétariat général de la Cobac est l'organe d'exécution. Il est placé sous la responsabilité du secrétaire général qui est nommé par le gouverneur de la Béac. Le secrétaire général est assisté d'un secrétaire général adjoint. Les effectifs et les moyens dont dispose le secrétariat général sont fournis par la Béac qui assure, de manière générale, toute la logistique nécessaire à la conduite des missions confiées au secrétariat général.

Le secrétaire général est chargé d'assurer la permanence administrative de la Commission bancaire et procède à l'expédition des affaires courantes. Il est habilité à prendre toutes mesures d'administration et de gestion pour le bon fonctionnement de la Cobac et l'exécution de ses décisions. Le secrétaire général est également chargé de diriger le contrôle sur pièces des établissements de crédit, de diligenter les inspections, sur place, décidées par la commission ou commandées par l'urgence et de donner suite aux rapports de ces enquêtes.
Il doit rendre compte à la Commission bancaire de l'évolution de la situation financière des établissements de crédit en vue de proposer, le cas échéant, les mesures de redressement à mettre en œuvre. Enfin, il élabore les

règlements à caractère prudentiel et comptable auxquels sont assujettis les établissements de crédit, après décision de la Commission bancaire.

Le nouveau siège de la Cobac a été inauguré le 16 août 2011 à Libreville, par le chef de l'Etat gabonais. Depuis sa création le 16 octobre 1990, la Cobac opérait dans les locaux provisoires, situés dans l'enceinte de la Béac, à Yaoundé, au Cameroun.

4.3. Harmonisation et contrôle des réglementations bancaire, monétaire et financière

La convention portant harmonisation de la réglementation bancaire dans les Etats de l'Afrique centrale a été signée le 17 janvier 1992 par la Conférence des chefs d'Etat. C'est à l'Union monétaire de l'Afrique centrale qu'incombe la mission d'adopter une réglementation bancaire et la micro-finance harmonisée. L'Umac est chargée aussi, non seulement, de renforcer la réglementation commune existante en matière bancaire, monétaire et financière, mais aussi d'en assurer le contrôle.

Cette réglementation concerne notamment :

- Les règles d'exercice de la profession bancaire et des activités s'y rattachant ainsi que le contrôle de l'application desdites règles ;
- la répression de la falsification des signes monétaires et de l'usage des signes falsifiés ;
- les règles concernant la collecte et l'affectation de l'épargne financière ;
- le régime de change et les systèmes de paiement ;
- les règles relatives aux activités des institutions de micro-finance ;
- les règles relatives à la lutte contre le blanchiment des capitaux et le financement du terrorisme ;

- les règles relatives aux mécanismes de garantie des dépôts bancaires. Le Comité ministériel pourrait prendre toutes autres dispositions qu'il jugerait utiles, en vue de renforcer la réglementation commune en matière de législation monétaire, bancaire et financière.

Cela dit, le Comité ministériel adopte, à l'unanimité, les règlements et, à la majorité qualifiée des cinq sixièmes, les directives nécessaires à la mise en œuvre relatives aux objectifs cités ci-dessus, après son avis conforme aux dispositions du conseil d'administration de la Béac.

4.4. Budget de la communauté

Le budget de la communauté comprend, sauf dispositions particulières des conventions ou statuts spécifiques, toutes les dépenses des institutions, organes et institutions spécialisées, instaurées par le traité de la Cémac. Ce budget comprend également les dépenses afférentes à la mise en œuvre des politiques communes. C'est le Conseil des ministres qui adopte, à la majorité qualifiée, le budget de la communauté, sur proposition du président de la commission, avant l'ouverture de l'exercice budgétaire. Ce budget est équilibré en recettes et en dépenses.

Les ressources de la communauté proviennent essentiellement du produit de la taxe communautaire d'intégration (Tci). Les contributions des Etats-membres au budget de fonctionnement de la Cémac sont calculées sur la base égalitaire. Ces contributions proviennent, nous l'avons dit, des produits de la Tci. En cas d'insuffisance du produit de la Tci d'un Etat-membre, pour couvrir sa contribution au budget de fonctionnement de la communauté, le Trésor public de cet Etat effectue des paiements directs complémentaires. Les contributions des Etats-membres, afférentes à la mise en œuvre des politiques communes, sont constituées également des produits de la Tci, déduction faite des sommes affectées au budget de fonctionnement de la communauté.

Outre la taxe communautaire d'intégration et les éventuelles contributions complémentaires des trésors nationaux, les ressources budgétaires de la Cémac proviennent :

- des revenus de certaines prestations des institutions, organes et institutions spécialisées de la communauté ;
- du prélèvement sur la part revenant à chaque Etat sur les bénéfices distribués par la Béac ;
- des concours financiers, versés par tout Etat tiers et toute organisation nationale ou internationale, ainsi que les dons et legs.

Les contributions financières des Etats-membres font l'objet, en dernier recours, d'un prélèvement automatique sur le compte ordinaire ouvert par chaque trésor national auprès de la Béac. Notification est faite au ministère des Finances de l'Etat concerné.

Le prélèvement est effectué de plein droit par la Béac, à l'initiative du président de la Commission Cémac dès lors qu'un Etat-membre n'a pas effectué, dans le délai réglementaire, les versements auxquels il est astreint.
Enfin, l'exercice budgétaire de la communauté débute le 1er janvier et s'achève le 31 décembre. Si le budget n'est pas adopté au début d'un exercice budgétaire, les dépenses peuvent être effectuées mensuellement dans la limite du douzième des crédits ouverts au budget de l'exercice précédent.

CHAPITRE V
LA COUR DE JUSTICE, LA COUR DES COMPTES ET LE PARLEMENT COMMUNAUTAIRE

5.1. La Cour de justice

La Cour de justice communautaire est chargée du contrôle juridictionnel des activités et de l'exécution budgétaire des institutions de la Communauté économique et monétaire de l'Afrique centrale. La Cour de justice communautaire est une institution indépendante des Etats, des organes et autres institutions. Ses décisions sont prises au nom de la communauté. Les membres de cette cour exercent leurs fonctions en toute indépendance, dans l'intérêt général de la communauté. La Cour de justice communautaire a été installée à Ndjamena, au Tchad, le 12 avril 2000.

5.1.1. Missions de la Cour de justice

La Cour de justice communautaire a généralement pour missions :

- d'assurer le respect des dispositions du traité de la Cémac et des conventions subséquentes par les Etats-membres, les institutions et les organes de la communauté ;
- de réaliser par ses décisions l'harmonisation des jurisprudences dans les matières relevant du domaine des traités et de contribuer par ses avis, et celle des législations nationales des Etats-membres dans ces matières ;
- de régler les contestations relatives à sa compétence.

5.1.2. Rôles juridictionnel et consultatif

Pour accomplir ses missions à bon escient, la Cour de justice exerce un double rôle : juridictionnel et consultatif.

5.1.2.1. Rôle juridictionnel

La Cour de justice, dans son rôle juridictionnel, rend en dernier ressort des arrêts sur la violation des traités de la Cémac et des conventions subséquentes dont elle est saisie conformément à ses règles de procédure. Elle est juge, en dernier ressort, du contentieux de l'interprétation des traités, conventions et autres actes juridiques de la Cémac. Elle est juge en appel et, en dernier ressort, des litiges opposant la Commission bancaire d'Afrique centrale (Cobac) aux établissements de crédit assujettis.

Elle est juge, en premier et dernier ressort, des litiges nés entre la Cémac et les agents des institutions de la communauté, à l'exception de ceux régis par des contrats de droit local. Aussi, les décisions rendues par la Cour de justice, en application de ce qui vient d'être évoqué ci-dessus, ont l'autorité de la force jugée et de la force exécutoire.

5.1.2.2. Rôle consultatif

Ici, la Cour de justice émet des avis sur la conformité, aux normes juridiques de la Cémac, des actes juridiques ou des projets d'actes initiés par un Etat-membre ou un organe de la Cémac, dans les matières relevant du domaine des traités. La Cour de justice est consultée à cet effet par l'Etat-membre ou l'organe de la Cémac qui en est l'initiateur.

5.1.3. Organe de la Cour de justice

La Cour de justice comprend une chambre judiciaire qui dispose d'un greffe. Cette cour se compose de treize juges et est dirigée par l'un de ceux-ci, élu par ses pairs premier président. Le premier président assure la fonction de représentation de la Cour de justice. Les greffiers assistent les juges dans l'exercice de leurs fonctions.

5.1.3.1. Rôle de la Chambre judiciaire

La Chambre judiciaire est chargée du contrôle juridictionnel des activités des institutions et organes de la Cémac, en dehors du Parlement communautaire et de la Cour de justice. Elle assure en fait le respect du droit de l'interprétation et de l'application du traité et des conventions subséquentes.

5.1.3.2. Composition de la Chambre

La Chambre judiciaire se compose de six juges, présentés par les Etats-membres et nommés par la Conférence des chefs d'Etat, pour un mandat de six ans renouvelable une fois. Les six juges sont choisis parmi des personnalités remplissant les conditions suivantes :

a) être de bonne moralité ;

b) présenter des garanties d'indépendance et d'intégrité ;

c) réunir, en ce qui concerne les magistrats, les conditions requises pour l'exercice dans leurs pays respectifs des plus hautes fonctions judiciaires ; ou avoir exercé, avec compétence et pendant au moins quinze ans, les fonctions d'avocat, de professeur d'université de droit et d'économie.

La Chambre judiciaire est dirigée par un président élu par ses pairs, parmi les juges qui la composent, pour un mandat de trois ans renouvelable une fois. Le statut de la Chambre judiciaire et de la Cour de justice de la Cémac est régi par l'acte additionnel n° 6/00-Cémac-041-Cce-CJ-02 du 14 décembre 2000.

5.1.3.3. Litiges

La Chambre judiciaire tranche des différends, entre Etats-membres, ayant un lien avec le traité instituant la Cémac et les textes subséquents si ces différends lui sont soumis, y compris en vertu d'un compromis dont la procédure est déterminée par un acte additionnel.

A cet effet, toute partie peut, à l'occasion d'un litige, soulever l'exception d'illégalité d'un acte juridique d'un Etat-membre ou d'un organe de la Cémac, car la Chambre judiciaire intervient, sur recours de tout Etat-membre, de tout organe de la Cémac ou de toute personne physique ou morale qui justifie d'un intérêt certain et légitime, dans tous les cas de violation des dispositions du traité de la Cémac et des conventions subséquentes.

Les recours formés devant la Chambre judiciaire n'ont pas d'effet suspensif. Toutefois, la Chambre judiciaire peut ordonner le sursis à exécution des actes contestés devant elle. Cette chambre peut prescrire les mesures provisoires ou conservatoires nécessaires dans les affaires dont elle est saisie. Les règles de procédure devant la Chambre judiciaire de la Cour de justice de la Cémac sont régies par l'acte additionnel n° 5/00-Cémac-041-Cce-Cj-02 du 14 décembre 2000. La Cour de justice a son siège à Ndjamena, au Tchad.

5.2. La Cour des comptes

La Cour des comptes vérifie les comptes de la communauté, selon les modalités fixées par le statut, et veille à la régularité des ressources communautaires. La Cour des comptes, anciennement Chambre des comptes, faisait partie intégrante de la Cour de justice. Mais, depuis la révision du traité de la Cémac du 25 juin 2008, la Chambre des comptes, mise en place depuis le 12 avril 2000, s'est transformée en Cour des comptes après une période transitoire débutée le 11 mai 2012. Cette Cour des comptes devient une institution à part entière de la communauté.

La Cour des comptes s'engage dans l'exécution des programmes de contrôle des institutions et organes de la Cémac, ainsi que des institutions spécialisées. Le siège de la Cour des comptes est fixé à Ndjamena, au Tchad, à l'instar de la Cour de justice.

5.2.1. Composition de la Cour des comptes

La Cour des comptes communautaire est composée de douze membres, à raison de deux par Etat-membre. Ils sont nommés par la Conférence des Chefs d'Etat, pour un mandat de six ans, renouvelable une fois. Par contre, le président de la cour, le procureur général, les présidents de chambre et le procureur général adjoint sont élus par les membres de la Cour des comptes, pour un mandat de trois ans, renouvelable une fois.

Ces personnalités doivent remplir les conditions suivantes :

a) être de bonne moralité ;

b) présenter des garanties d'indépendance et

d'intégrité ;

c) avoir une compétence en matière juridique, économique et financière, et une expérience professionnelle d'au moins quinze ans dans ces matières.

5.3. Le Parlement communautaire

Le Parlement communautaire est le représentant des peuples des Etats-membres. Il est chargé du contrôle des institutions et autres organes participant au processus décisionnel de la communauté. Ce Parlement a également comme mission le suivi des activités menées par la Commission Cémac.

Mis en place le jeudi 15 avril 2010 à Malabo, en Guinée équatoriale, par les chefs d'Etat de la Cémac, lors d'un sommet extraordinaire, le Parlement communautaire comprend, pour le moment, 30 membres, à raison de 5 membres par pays. La direction du Parlement communautaire est assurée par un parlementaire du pays dont le chef d'Etat est le président en exercice de la Cémac. Le président du Parlement est élu, parmi ses membres (députés), pour une durée d'un an. Les députés sont élus au suffrage universel direct pour cinq ans. Par ailleurs, ce Parlement est doté d'un secrétariat général, nommé par la Conférence des chefs d'Etat. Son secrétaire général est, quant à lui, nommé pour un mandat de quatre ans non renouvelable. Le Parlement communautaire s'est succédé à la Commission interparlementaire qui avait été créée en 2000 à Malabo. La convention régissant le Parlement communautaire a été adoptée le 25 juin 2008 à Yaoundé, au Cameroun, par les chefs d'Etat de la Cémac. Le siège du Parlement communautaire est à Malabo.

CHAPITRE VI
INSTITUTIONS SPECIALISEES DE LA CEMAC

La Cémac dispose d'institutions spécialisées qui relèvent de l'Uéac et de l'Umac. La création de ces diverses institutions est fonction des besoins de la réalisation des objectifs assignés à la communauté. Certaines institutions sont des acquis de l'Udéac. La Cémac s'efforce de les consolider et de les conformer au fonctionnement des nouvelles normes en vue d'une réalisation harmonieuse des objectifs globaux de la communauté.

Les postes de responsabilité au sein de toutes ces institutions spécialisées sont rotatifs entre tous les Etats de la Cémac, par ordre alphabétique. Ce principe de rotation a été décidé par le 10e sommet de la Conférence des chefs d'Etat de la Cémac qui s'est déroulé à Bangui, en Centrafrique, du 15 au 16 janvier 2010.

6.1. Institutions spécialisées rattachées à l'Uéac

Au terme de l'acte additionnel n° 8/Cémac-006-Cce-02 du 14 décembre 2000, modifié par le traité révisé du 25 juin 2008, sont classés comme institutions spécialisées de l'Uéac les organismes spécialisés ci-dessous cités.

6.1.1. Institutions de formation

6.1.1.1. Ecole inter-Etats des Douanes (Eied)

L'Ecole inter-Etats des Douanes (Eied) est destinée à la formation professionnelle initiale et continue des agents des douanes des Etats-membres. La formation initiale permet aux débutants, généralement, de démarrer la carrière avec un bagage minimal de connaissances douanières. Tandis que la formation continue vise à maintenir performants les fonctionnaires des douanes face aux mutations incessantes du monde du commerce international.

Les filières concernées pour ce genre de formation sont le service des bureaux pour les opérations commerciales et le service des brigades pour la surveillance. En dehors des agents des douanes de la Cémac et d'autres pays de la sous-région, l'Eid peut intervenir dans d'autres domaines d'activités connexes à la douane, auprès des particuliers ou usagers (opérateurs économiques, étudiants, etc.) qui en font la demande.

L'enseignement à l'Eied est donné par un personnel enseignant permanent, par des experts douaniers et vacataires n'appartenant pas à l'école, ainsi que par des moniteurs de l'Armée centrafricaine. Le régime scolaire à l'Eied est l'internat. Pour accéder à cette école, la sélection est faite par les Etats.

Les organes de l'Ecole inter-Etats des Douanes sont, sauf avis contraire :

- le conseil d'administration ;
- la direction générale ;
- la direction de la formation, de perfectionnement, des examens et concours ;
- la direction administrative et financière ;
- l'agence comptable ;
- le contrôle financier ;
- le conseil des professeurs ;
- le conseil consultatif de discipline ;
- le comité des stagiaires ;
- le comité consultatif de recrutement et d'avancement.

L'Eied a pour principaux partenaires les écoles de douanes françaises, dont l'Ecole nationale des douanes de Neuilly/Seine avec laquelle elle a une convention de coopération opérationnelle depuis 1973. L'Eied a été créée, par acte n° 8/72-Udéac-151 du 22 décembre 1972, par le Conseil des chefs d'Etat de l'Udéac. Son siège est à Bangui, en Centrafrique.

6.1.1.2. Institut sous-régional multisectoriel de technologie appliquée, de planification et d'évaluation de projets (Ista)

L'Ista est un instrument qui permet aux Etats-membres de la communauté de mieux maîtriser leurs projets de développement à caractère socio-économique, dans le cadre des objectifs définis par leurs plans et projets régionaux de développement.

A cela, les missions ci-après sont assignées à l'Ista :

- la formation universitaire sanctionnée par un master en analyse et évaluation de projets, ainsi que le perfectionnement des cadres en ce qui concerne le maniement des outils techniques de conception, la réalisation et le suivi - évaluation de projets de développement ;
- la promotion des opérations industrielles par diverses actions portant sur l'identification des partenaires techniques et financiers.

Pour ce faire, l'Ista s'est doté d'un centre de formation et d'un bureau d'études. Le centre de formation assure deux types de formation :

- primo, il s'agit d'une formation universitaire, dont sont concernés les cadres des administrations, entreprises publiques et privées des Etats-membres de la Cémac, aux techniques d'analyse et d'évaluation des projets de développement ;

- secundo, il y a le perfectionnement (formation continue) qui s'adresse, notamment, aux cadres des entreprises, administrations publiques, parapubliques et privées sur des thèmes spécifiques en rapport avec les besoins identifiés dans ces administrations et entreprises.

En plus de la formation annuelle, l'Ista anime des séminaires de perfectionnement de courte durée (1 à 3 mois). Ces séminaires sont organisés en tenant compte des besoins spécifiques exprimés par le client avec qui l'Ista a un contrat. Parfois, les séminaires sont organisés par l'Ista dans le cadre de ses missions.

Le conseil d'administration de l'Ista est, sauf avis contraire, composé :

- des membres titulaires du Comité inter-Etats ;
- du président de la Commission Cémac ;
- du gouverneur de la Banque des Etats de l'Afrique centrale ;
- du président de la Banque de développement des Etats de l'Afrique centrale ;
- du conseil de direction de l'Ista ;
- éventuellement, des représentants des partenaires.

L'organe d'exécution des décisions du conseil d'administration est la direction générale. Créé en 1980 à Brazzaville, au Congo, par le Conseil des chefs d'Etat de l'Udéac, l'Ista a pour siège Libreville, en république du Gabon.

6.1.1.3. Institut sous-régional multisectoriel de statistique et d'économie appliquée (Isséa)

L'Isséa a principalement pour objet :

- La formation des cadres statisticiens des niveaux

moyens, aptes à :

- collecter, traiter, diffuser et utiliser les informations statistiques ;
- étudier et analyser tout dossier économique ;
- concevoir et mettre en exécution des programmes d'enquête ;
- dépouiller et analyser les résultats desdites enquêtes ;
- élaborer et utiliser les comptes économiques et les programmes de développement ;
- organiser, administrer et diriger un service à compétence statistique.

• Le perfectionnement et le recyclage des cadres des services publics et privés nationaux et régionaux.

• La recherche appliquée dans les domaines de la méthodologie, de la collecte, du traitement et de l'analyse de l'information statistique et économique, y compris les études et consultations auprès d'autres organismes publics ou privés, nationaux et régionaux.

En matière de formation, l'institut propose des enseignements théoriques, des séquences pédagogiques et des stages académiques. Pour son organisation, l'Isséa comprend :

- le conseil d'administration ;
- la direction générale ;
- le comité scientifique.

L'acte créant l'Institut sous-régional de statistique et d'économie appliquée (Isséa) fut premièrement adopté lors de la rencontre du 19 décembre 1969, entre les chefs d'Etat de l'Udéac. De 1969 à 1975, l'Isséa eut subi auparavant plusieurs dénominations, au gré des accords passés avec diverses organisations, notamment avec l'Institut de formation statistique (Ifs) en liaison avec le Pnud.

Ce fut de même de 1975 à 1984, d'abord avec l'Institut de la Céa (Communauté économique des Nations-Unies pour l'Afrique), puis avec l'Institut de la stratégie, de planification et d'économie (Ispéa) sous l'autorité du Cameroun. C'est finalement en fin 1984, à Brazzaville, que les chefs d'Etat au cours d'une conférence décidèrent que l'Isséa puisse fonctionner sous sa propre appellation. Il est à noter que le siège de l'institut se trouve à Yaoundé, au Cameroun.

6.1.1.4. Ecole d'hôtellerie et de tourisme (Eht-Cémac)

Les principaux objectifs pédagogiques de l'Eht-Cémac sont les suivants :

- formation, perfectionnement, recyclage, spécialisation des personnels de l'hôtellerie et du tourisme ;
- promotion de la recherche dans les métiers de l'hôtellerie et du tourisme ;
- appui au développement des métiers de l'hôtellerie et du tourisme sous forme de source de consultant.

L'Ecole d'hôtellerie et de tourisme de la Cémac (Eht-Cémac) est née sous les cendres de l'Ecole nationale d'hôtellerie et de tourisme (Enaht) de N'Gaoundéré au Cameroun où se situe son siège. L'Enaht, devenue Institution spécialisée de l'Union économique de l'Afrique centrale (Uéac) depuis 2002, a commencé à fonctionner avec le label Cémac à partir de 2005. C'est en 2005 que débuta justement le basculement progressif de l'Enaht vers l'Eht-Cémac. Cette transition s'arrêta le 31 juillet 2007.

Au terme de cette transition, les élèves du régime de l'Enaht devaient sortir de l'école pour faire place aux nouveaux élèves du régime de l'Eht-Cémac, issus des six Etats de la sous-région.

6.1.1.5. Centre inter-Etats d'enseignement supérieur en santé publique (Ciespac)

Le Centre inter-Etats d'enseignement supérieur en santé publique (Ciespac) est une structure de formation du personnel de santé des pays d'Afrique centrale. Le Ciespac s'est fixé comme objectifs, depuis sa création, de participer à l'œuvre de développement sanitaire de l'Afrique centrale, de former des personnels de haut niveau adaptés et opérationnels, puis d'apporter un appui réel aux programmes de santé des pays de la zone de la Cémac.

Etant une unité opérationnelle en matière de formation de l'Oceac, le Ciespac a pour missions de :

- former des spécialistes en santé publique, gestion des services sanitaires, économie-santé ;
- assurer la formation continue des cadres de santé des pays ;
- assurer des recherches et expertises en santé publique ;
- servir de centre régional de documentation et d'information.

Pour donner une vision de transformer cet établissement en centre d'excellence de formation en santé publique et de recherche en santé, reconnu par les communautés d'Afrique centrale et par la communauté internationale, un nouveau plan de développement 2011-2015 y avait été élaboré. Le but étant qu'à partir de 2015 le Ciespac contribue à améliorer de manière significative le développement et la coopération sanitaires en Afrique centrale.

Le programme de développement de la formation prévoit la mise en place au Ciespac des formations adaptées et de haut niveau pour le renforcement des capacités techniques et managériales des acteurs de santé publique des pays d'Afrique centrale.

Basé à Brazzaville, au Congo, le Ciespac a été créé en 1981 par la résolution du Comité ministériel inter-Etats (Cmié) n° 203/Oceac/1981. Mais, il a effectivement démarré ses activités en 1988, pour les suspendre en 1997 en raison des troubles sociopolitiques survenus au Congo. Depuis 2008, les activités du Ciespac ont progressivement repris, après la réhabilitation partielle des bâtiments.

6.1.1.6. Institut de l'économie et des finances (Iéf) - pôle régional

L'Institut de l'économie et des finances (Iéf) - pôle régional est une institution spécialisée dans le domaine de la formation initiale et continue des personnels des administrations économiques et des régies financières des Etats-membres de la Cémac. Cette formation permet de produire des cadres de bonne qualité.

En 2004, par règlement n° 01/04-Uéac-Ief-Cm-12, l'Iéf - pôle de formation des régies financières de l'Afrique centrale obtint son statut. C'est justement l'Institut de l'économie (Ié) de Libreville, anciennement propriété nationale de l'Etat gabonais, qui fut choisi par le Conseil des ministres des Finances de la zone Franc, réuni à Malabo le 4 janvier 1995, comme lieu d'implantation du pôle de formation des régies financières de l'Afrique centrale. Par ailleurs, le régime des études à l'Iéf - pôle régional de formation des régies de l'Afrique centrale a été régi par le règlement n° 23/07-Uéac-Iéf-Cm-16 du 18 décembre 2007.

L'objectif de ce pôle de formation est en fait de répondre aux problèmes de renforcement des capacités de renouvellement des cadres économiques et financiers dans la sous-région. Il s'effectue par des formations spécialisées dont les résultats attendus sont l'amélioration du système de collecte des impôts et autres recettes fiscales, la maîtrise budgétaire et l'évaluation précise des dépenses publiques, la gestion transparente des administrations publiques.

Cela dit, l'Iéf - pôle régional a pour missions de :

- former les cadres compétents et polyvalents de l'administration économique et financière, des douanes, des impôts et du Trésor des Etats-membres de la Cémac ;
- participer à l'émergence d'une ingénierie économique et financière ;
- promouvoir l'intégration régionale.

Les organes de l'Iéf - pôle régional sont :

- la Conférence des chefs d'Etat de la Cémac ;
- le Conseil des ministres de l'Uéac ;
- le conseil d'administration ;
- la direction générale ;
- le conseil pédagogique.

Le siège de l'Iéf - pôle régional est à Libreville, au Gabon.

6.1.2. Institutions de mise en œuvre de politiques sectorielles

6.1.2.1. Commission économique du bétail, de la viande et des ressources halieutiques (Cébevirha)

La Cébevirha a été créée afin de favoriser un développement harmonieux et équilibré des secteurs de l'élevage et de la pêche des Etats-membres de la Cémac.

C'est une agence d'exécution en charge des questions d'élevage et de pêche. A cela, la communauté s'est fixé les objectifs ci-après :

- mise en œuvre d'une politique intégrée d'aménagement des conditions de l'élevage et de la pêche au niveau de l'ensemble des Etats ;
- amélioration de l'état sanitaire du bétail et du poisson ;
- contrôle sur les lieux de conditionnement des troupeaux et de l'environnement du poisson ;
- valorisation des produits et sous-produits de l'élevage et de la pêche en vue de permettre le développement d'industries dérivées ; développer et harmoniser les échanges afin d'assurer une fluidité aussi grande que possible de la circulation du bétail, de la viande et des produits halieutiques entre les Etats-membres, notamment en réduisant les contrôles administratifs, en simplifiant la fiscalité et en mettant en place une structure des prix adaptés pour encourager la production, la commercialisation et stimuler la consommation ;
- harmonisation et coordination des politiques de l'élevage et de la pêche contenues dans les plans de développement des Etats-membres, en vue de promouvoir une coordination des programmes de production, de traitement, de transport et de commercialisation des produits halieutiques, ainsi que des activités de recherche dans les domaines de la production, de la santé animale, de l'exploitation et la conservation des ressources halieutiques et du développement de l'aquaculture ;
- organisation de la formation par la création d'établissements ou l'aménagement de ceux déjà existants et le renforcement du personnel nécessaire à la réalisation des objectifs précités.

Les organes de décisions de la Cébevirha sont, sauf avis contraire :

- la Conférence des chefs d'Etat de la Cémac ;
- le Conseil des ministres de l'Uéac ;
- le conseil d'administration de la Cébevirha ;
- la direction générale.

Créée par l'acte n° 20/87/Udéac/475 du 18 décembre 1987, par le Conseil des chefs d'Etat de l'Udéac, la Cébevirha a pour siège Ndjamena, au Tchad. Lors de sa création, la Cébevirha fut sous l'appellation de « Communauté » économique du bétail, de la viande et des ressources halieutiques, mais, depuis la révision de ses statuts en décembre 2001, elle est devenue « Commission » économique du bétail, de la viande et des ressources halieutiques.

6.1.2.2. Pôle régional de recherche appliquée du développement des savanes d'Afrique centrale (Prasac)

Le Prasac est une institution spécialisée de l'Uéac et un outil opérationnel du Conseil ouest et centre africain pour la recherche agricole et le développement (Coraf). Le Prasac a pour rôle de s'occuper des problèmes de lutte contre les fléaux en agriculture à caractère transfrontalier et le développement de l'agro-alimentaire.

En effet, l'environnement des savanes est caractérisé par une écologie fragilisée par différents facteurs naturels et humains, une raréfaction des ressources naturelles et l'accentuation des conflits d'usage (agriculture, élevage, chasse, cueillette, etc.). La sécurité alimentaire est, en conséquence, précaire du fait des risques climatiques aggravés par des sécheresses édaphiques et des fléaux divers, qui s'abattent fréquemment sur des exploitations agricoles généralement peu équipées.

De ce fait, la pauvreté est largement répandue dans ces savanes. Cependant, les zones de savanes présentent une unité écologique et économique indispensable. Ce qui justifie un regroupement des efforts entre pays ayant les mêmes enjeux de diversification de l'agriculture et de gestion des ressources naturelles.

Dans le cadre de l'organisation institutionnelle, le pôle est représenté au plan national par un dispositif de coordination de ses activités, à savoir : la délégation nationale.

Celle-ci rassemble les ressources humaines impliquées dans les activités du Prasac, telles que les chercheurs, les universitaires, les cadres de projets de développement et Organisations non gouvernementales (Ong), les représentants des organisations professionnelles agricoles (Opa). Un organe de concertation (le comité recherche-développement) regroupe annuellement les différents partenaires (recherche, développement, société civile, etc.) dans un but d'évaluation et de programmation.

Au plan régional, la coordination scientifique régionale s'appuie sur des animations thématiques régionales et un comité scientifique (organe consultatif). La coordination régionale, basée à Ndjamena, au Tchad, est placée sous la responsabilité d'un coordinateur général, assisté d'un coordinateur scientifique et d'un gestionnaire.

6.1.2.3. Organisation de coordination de la lutte contre les endémies en Afrique centrale (Oceac)

L'Organisation de coordination de la lutte contre les endémies en Afrique centrale (Oceac) est une agence d'exécution des politiques sanitaires de la communauté. Elle intervient dans la sécurité sanitaire dans la région.

A cet effet, l'Oceac a pour missions :

- Sur l'action sanitaire :
- la surveillance épidémiologique intégrée des maladies pour un meilleur contrôle de la situation sanitaire de la sous-région ;
- la complémentarité dans les actions afin d'optimiser les résultats ;
- l'harmonisation des politiques de santé dans le respect des responsabilités nationales ;
- la synchronisation des campagnes de lutte contre les maladies pour une meilleure couverture ;
- la concertation pour échange d'expérience entre les Etats-membres et les différents partenaires au développement sanitaire intervenant dans la sous-région ;
- l'organisation des assises régionales et mondiales dans le domaine de la santé ;
- l'élaboration et la mise en œuvre des politiques sous-sectorielles de santé communes aux Etats-membres dans une optique de santé publique régionale.
- Sur la sécurité sanitaire :
- l'élaboration et suivi de l'application des normes sanitaires régionales de production, de conservation, de transport, de consommation des aliments, médicaments, liquides biologiques, eaux, organes humains et des produits de beauté ;
- l'évaluation des risques environnementaux sur la santé ;
- l'élaboration des mesures d'hygiène et leur application ;
- la promotion de l'assainissement du milieu.

A l'origine, les actions de l'Oceac furent orientées vers la lutte contre la tuberculose, la trypanosomiase, la lèpre, les tréponématoses, les bilharzioses, la rougeole, la méningite cérébro-spinale, le paludisme, l'onchocercose, les parasitoses intestinales, les vaccinations, l'éducation sanitaire, etc. Ainsi, l'Oceac contribua d'une manière substantielle à la disparition de la variole, à la réduction de la prévalence en Afrique centrale de nombreuses maladies transmissibles.

Depuis sa création en 1965 jusqu'en 1983, l'Organisation de coordination de la lutte contre les endémies se chargea des missions sur les grandes endémies qui sévirent sur le territoire de l'Afrique centrale. De 1983 à nos jours, les problèmes de santé ont pris d'autres dimensions. Si des maladies sont en train d'être éradiquées aujourd'hui, de nouvelles épidémies cependant apparaissent et provoquent la réémergence d'autres maladies.

Au cours de la 31e session ordinaire du Comité inter-Etats, tenue à Yaoundé en septembre 2001, il y a eu la réforme de l'Oceac qui passa, entre autres, par son affiliation à la Cémac. L'objectif principal de cette réforme était en fait de faire de l'Oceac un instrument moderne d'intégration en matière de santé publique. Sur ce, un état des lieux a été fait sur le plan structurel, de la formation, de la recherche, etc.

A ce jour, l'Oceac gère principalement les programmes et projets suivants :

- Programme sous-régional de lutte contre le VIH/SIDA ;
- Programme d'harmonisation des politiques pharmaceutiques ;
- Programme sous-régional de lutte contre la trypanosomiase humaine ;
- Projets de recherche sur le paludisme ;
- Harmonisation des systèmes d'homologation des produits pharmaceutiques dans la Cémac ;

- Programme sous-régional de lutte contre la grippe A (H1N1) ;
- Comité éthique pour la recherche en santé en Afrique centrale (Cersac) ;
- Harmonisation des politiques pharmaceutiques nationales en Afrique centrale ;
- Renforcement de la surveillance et la riposte à l'épidémie de la poliomyélite et de la fièvre hémorragique Ebola au niveau transfrontalier des pays de l'Afrique centrale.

Les organes de décision de l'Oceac sont, sauf avis contraire :

- La Conférence des chefs d'Etat ;
- Le Conseil des ministres de l'Uéac ;
- Le conseil d'administration de l'Oceac ;
- Le secrétariat général.

Les ministres de la Santé des Etats-membres y siègent en commission ad hoc auprès du Conseil des ministres de l'Uéac.

Créée en 1965, l'Oceac est née des cendres de l'Organisation de coordination et de coopération pour la lutte contre les grandes endémies en Afrique centrale (Occgeac) qui fut créée en 1963, à Yaoundé (siège de l'Oceac), par la volonté des ministres de la Santé du Cameroun, du Congo, du Gabon, de la RCA et du Tchad. L'Occgeac fonctionna jusqu'en 1965, avant d'être succédée par l'Oceac.

6.1.2.4. Commission internationale du bassin Congo-Oubangui-Sangha (Cicos)

La Commission internationale du bassin Congo-Oubangui-Sangha (Cicos) a pour mission d'améliorer la navigation intérieure et la Gestion intégrée des ressources en eau (Gire) de l'ensemble du bassin du Congo. Le bassin du Congo est le deuxième bassin transfrontalier mondial par sa taille, après celui de l'Amazone. Avec une longueur des voies navigables de plus de 20 000 kilomètres, cinq pays (Cameroun, Centrafrique, Congo, République démocratique du Congo et Angola) se partagent environ 92% du bassin.

La commission et ces Etats travaillent en réseau thématique pour analyser les données, telles que les précipitations, l'humidité du sol et la couverture végétale afin de mieux suivre les conditions de navigation et le bilan hydrologique du bassin (cycle de l'eau) et développer des services d'information à destination des navigants et des décideurs sur l'environnement.

Les Etats-membres de la Cicos sont le Cameroun, la Centrafrique, le Congo-Brazzaville, le Gabon, la République démocratique du Congo et l'Angola.

Les objectifs de la Cicos sont, entre autres :

- Garantir la gestion durable des voies navigables ;
- Harmoniser la réglementation en matière de transport fluvial pour la sécurité de la navigation et la promotion de l'environnement ;
- Intégrer tous les usagers de l'eau en tant que ressource naturelle dans la planification régionale ;
- Optimiser les allocations d'eau par usage ;
- Partager entre les Etats les bénéfices générés par l'usage de l'eau ;
- Soutenir le développement et lutter contre la pauvreté dans la sous-région ;
- Promouvoir la sécurité alimentaire.

Le cadre institutionnel de la Cicos est composé ainsi qu'il suit :

- Comité des ministres (organe décisionnel) ;
- Comité de direction ;
- Secrétariat général (organe d'exécution).

Institution spécialisée de la Cémac, la Cicos a été créée en novembre 1999 à Brazzaville, en république du Congo, à la suite d'un accord instituant un régime fluvial uniforme. Après, il y eut un additif à cet accord, le 22 février 2007. La première réunion du Comité de direction de la Cicos s'est tenue du 24 au 26 novembre 2003 à Brazzaville, au Congo. Celle du Comité des ministres a eu lieu le 27 novembre 2003. La Cicos a pour siège Kinshasa, en République démocratique du Congo.

6.1.2.5. Réseau des aires protégées d'Afrique centrale (Rapac)

Le Réseau des aires protégées d'Afrique centrale (Rapac) est un organisme régional qui a pour mission de contribuer à la conservation et la valorisation de la biodiversité par l'aménagement et la gestion des zones bénéficiant de protection, en tenant compte de la satisfaction des besoins des populations.

Créé en 2000, avec l'appui de l'Union européenne, le Rapac vise en fait à l'amélioration de l'Etat et à la gestion des aires protégées dans l'espace de la Commission des forêts d'Afrique centrale (Comifac).

Les Etats-membres du Rapac sont le Cameroun, la Centrafrique, le Congo, le Gabon, la Guinée équatoriale, la République démocratique du Congo, le Sao Tomé et Principe et le Tchad. Le siège du Rapac se trouve à Libreville, au Gabon.

La structure organisationnelle du Rapac est la suivante :

- Assemblée générale ;
- Conseil d'administration ;
- Secrétariat exécutif ;
- Conseil scientifique et technique ;
- Groupes de travail spéciaux.

6.1.2.6. Organisation commune du marché du sucre en zone de la Cémac (Ocm-sucre-Cémac)

L'Organisation commune du marché du sucre en zone de la Cémac (Ocm-sucre-Cémac) a été créée le 18 mars 2006 à Bata, en Guinée équatoriale. La Cémac dispose de plusieurs sucreries dans son espace territorial dont principalement deux au Cameroun, une en Centrafrique, une au Congo et une autre au Gabon.

Mais, l'importation des sucres subventionnés et frauduleux en zone de la Cémac aurait gravement nui aux efforts déployés par les opérateurs de la filière du sucre. Face à cette situation désastreuse, les ministres des six Etats-membres de la Cémac ont ainsi décidé la mise en place d'une Organisation commune du marché du sucre pour bien gérer et protéger les intérêts sucriers de la sous-région.

Déjà, lors d'une réunion tenue, du 1er au 12 avril 2005, à Douala (Cameroun), par les experts du sucre de la Cémac, des propositions visant la création d'un marché y avaient été évoquées. Pour ces experts, l'initiative de créer un marché commun du sucre contribuerait à résoudre les problèmes causés par l'augmentation des importations licites et illicites.

En fait, l'Organisation commune du marché du sucre en zone de la Cémac a pour objectifs de :

- parvenir à l'autosuffisance de la sous-région en

sucre, au moyen d'une production accrue du sucre local et/ou l'approvisionnement régulier du marché communautaire en sucre, régulièrement importé, et par la mise en place d'un mécanisme de suivi des marchés et de gestion des déficits sucriers ;

- mettre en place une stratégie commune aux industries sucrières de la sous-région afin de leur permettre d'atteindre les niveaux de coûts de production des pays les plus efficients et de garantir aux consommateurs des produits de qualité à des prix compétitifs ;
- contribuer à la lutte contre la fraude, la contrebande et la contrefaçon affectant le marché de ce produit dans la sous-région ;
- garantir un cadre stable, pour le déroulement des opérations des professionnels du secteur sucrier, permettant d'avoir une visibilité sur le moyen terme et d'éviter des variations brutales en matière d'offre et de prix.

L'Ocm-sucre/Cémac comprend, entre autres :

- le comité de coordination et de suivi des politiques sucrières (Ccsps) ;
- le secrétariat permanent.

C'est le règlement n° 10/06-Uéac-Cm-14 du 11 mars 2006 qui porta création, organisation, fonctionnement de l'Organisation commune du marché du sucre en zone de la Cémac.

Ce règlement fut examiné et adopté par les opérateurs de la filière du sucre, des Etats-membres de la Cémac, réunis du 24 au 25 juillet 2006 à Douala, au Cameroun.

6.1.2.7. Carte rose-Cémac : service d'assurance-responsabilité civile et automobile

La carte rose-Cémac est un instrument d'intégration sous-régionale qui vise à faciliter la prise en charge des sinistres causés aux tiers non assurés d'un Etat-membre, non résidant dans le pays visité ou de survenance de l'accident. Le détenteur de la carte rose peut donc circuler librement à travers les territoires des Etats-membres de la Cémac sans avoir à souscrire une nouvelle police d'assurance dans le pays visité.

La carte rose-Cémac constitue en fait un service d'assurance. C'est principalement une assurance-véhicule unique et uniforme pour l'espace communautaire. En cas d'accident survenu dans le pays visité, le bureau national de la carte rose de ce pays se substitue à lui, en matière de suivi de procédure administrative et judiciaire, sous réserves de certaines dispositions. Par ce système, toute victime trouvera, dans le pays où est survenu l'accident, la réparation intégrale de son dommage. L'utilisation de la carte rose est ainsi rendue obligatoire dans les Etats de la Cémac. Cette obligation s'étend à l'ensemble des assurés automobiles.

La carte rose-Cémac est composée d'une attestation de couleur rose et d'un timbre, détachable et autocollant, destiné à être apposé sur l'attestation de responsabilité civile. La carte rose n'est en fait qu'une pièce accessoire, ou tout simplement un support de la police au même titre que l'attestation d'assurance. Cette carte rose n'intervient que dans l'instruction du dossier du sinistre pour faciliter une prise en charge rapide et un règlement équitable.

Il existe un bureau national dans chaque Etat-membre de la Cémac qui regroupe l'ensemble des compagnies

d'assurances agréées. Les bureaux nationaux sont supervisés par un conseil des bureaux qui est un organe de coordination.
La carte rose-Cémac fait suite au protocole d'accord du 1er juillet 1996 portant création d'une Carte internationale d'assurance de responsabilité civile automobile (Ciarca). Les conditions proprement dites de démarrage du système de la carte rose-Cémac ont été régies par le règlement 02/00/UEAC-001-CIARCA-CM-04 du 21 juillet 2000. Le siège du conseil des bureaux de la carte rose est fixé à Bangui, en Centrafrique.

6.1.2.8. Agence pour la supervision de la sécurité aérienne en Afrique centrale (Assa-Ac)

L'Agence de supervision de la sécurité aérienne et maintien de la navigabilité de l'Afrique centrale (Assa-Ac) a pour principal objectif de réduire les taux élevés des accidents aériens dans la Cémac qui regroupe : le Cameroun, le Congo, la Centrafrique, le Gabon, la Guinée équatoriale et le Tchad.

C'est en juin 2007 que la Conférence des chefs d'Etat de la Cémac a envisagé de se doter d'une agence de supervision de la sécurité aérienne et du maintien de la navigabilité de l'Afrique centrale. Ce fut en marge de la 2e réunion du Comité de direction du programme de sécurité aérienne et de maintien de la navigabilité des aéronefs (Coscap), qui s'est tenue à Brazzaville, au Congo. A l'issue de cette réunion, un programme de recrutement et de formation des experts en matière de sécurité a été particulièrement mis en place pour apporter l'appui nécessaire aux administrations de l'aviation civile de la sous-région.

Des partenaires tels que l'Organisation de l'aviation civile internationale (Oaci), Boeing, la Banque africaine de développement (Bad) et l'Union africaine (Ua) ont été contactés pour apporter leur appui financier et leur savoir-faire au projet. Pour la partie financière, l'enjeu consistait à répartir les frais par un système mis en place à travers les accords de l'Oaci, d'où la présence élargie à la République démocratique du Congo et à Sao Tomé et Principe. Les représentants de Boeing et de l'aviation civile française ont été aussi conviés pour édifier l'agence de supervision de la sécurité aérienne de leur expérience en la matière.

C'est l'acte n° 15/07-Cémac-162-Cce-08 qui porta création de l'Agence de supervision de la sécurité aérienne en Afrique centrale dont le siège est fixé à Ndjamena, au Tchad. Par acte n° 06/Cémac-204-Cce-11 du 25 juillet 2012, cette agence est devenue une institution spécialisée de l'Union économique de l'Afrique centrale.

6.1.2.9. Comité inter-Etats des pesticides d'Afrique centrale (Cpac)

Le Comité des pesticides d'Afrique centrale (Cpac) est un organisme interétatique sous-régional. Il a pour objectif l'assainissement de la production agricole afin de préserver la santé des consommateurs et celle de l'environnement.

Les missions dévolues au Cpac sont, entre autres :
- examiner les demandes d'homologation pour suite à donner ;
- établir la liste des établissements publics ou privés autorisés à effectuer les essais ;
- établir la liste des laboratoires habilités à effectuer les analyses et contre-expertises ;
- définir les méthodes de contrôle, de composition

de la qualité et d'évaluation de l'innocuité des produits à l'égard de l'homme, des animaux et de l'environnement ;

- assister les Comités nationaux de gestion des pesticides (Cngp) des pays-membres ;
- assister les pays-membres dans l'élimination des pesticides périmés ;
- définir les directives techniques concernant les données à fournir par le demandeur de l'homologation et les expérimentations à exécuter ;
- tenir les registres des homologations et autorisations ;
- faire l'inventaire des pesticides utilisés ou commercialisés ;
- établir une liste des pesticides d'emplois interdits ou sévèrement règlementés dans les pays-membres ;
- assurer un suivi des pesticides homologués, en relation avec les autorités nationales désignées, pour consolider progressivement les acquis en termes de banque de données ;
- collecter annuellement les informations sur la mise en œuvre de la réglementation commune et de la publication des résultats.

La structure organisationnelle du Cpac comprend :

- la présidence ;
- le secrétariat permanent ;
- les commissions techniques ;
- les membres.

Les activités du Cpac ont débuté en septembre 2007. Son siège est situé à Yaoundé, au Cameroun. Par acte additionnel n° 7/Cémac-Cce-11 du 25 juillet 2012, le Cpac s'est transformé en institution spécialisée de l'Union économique de l'Afrique Centrale.

6.1.2.10. Projet Air-Cémac

Le projet de la compagnie aérienne Air-Cémac a eu pour vocation de faciliter le déplacement des personnes et des marchandises entre les Etats-membres de la communauté. Air-Cémac constituerait en fait un outil d'intégration sous-régionale qui permettrait le rapprochement des populations.

La création de la société Air-Cémac fut décidée par la Conférence des chefs d'Etat de la Cémac, tenue à Yaoundé, au Cameroun, en décembre 2001. Le capital de cette compagnie aérienne fut estimé à 21 milliards de francs CFA.

Une étude de faisabilité pour la création d'Air-Cémac démontra la fiabilité du projet. Au vu de ce résultat, les ministres en charge de l'Aviation civile dans la Cémac ont autorisé en avril 2002 la recherche d'un partenaire stratégique et divers partenaires privés.

Plusieurs approches se sont révélées infructueuses. Qu'il s'agisse de la Royale Air Maroc (Ram), de la compagnie belge Sn Brussels que de la compagnie aérienne sud-africaine South african Airways (Saa).

C'est finalement Air-France qui fut désigné comme partenaire stratégique lors d'une assemblée des ministres de l'Aviation civile de la Cémac qui s'est déroulée le 7 juillet 2012 à Brazzaville, en république du Congo. Au cours de cette assemblée, les ministres de l'Aviation civile se sont penchés sur les règles devant réguler et préserver les intérêts entre Air-Cémac et les compagnies aériennes nationales des différents Etats-membres.

Ces règles permettraient non seulement d'éviter tout monopole, mais aussi d'assurer les conditions d'une libre concurrence. Le capital d'Air-Cémac fut réparti entre les six Etats-membres de la Cémac (Centrafrique, Cameroun, Congo, Gabon, Guinée équatoriale et Tchad), qui participeraient chacun à hauteur de 5%. La Banque de développement des Etats de l'Afrique centrale (Bdéac) détiendrait 15%, le groupe Air-France-Klm 34% et les opérateurs privés en possèderaient le reste.

En novembre 2012, les ministres des transports de la sous-région ont mis en place, lors d'une rencontre, les instruments de gestion de la société Air-Cémac. Ces ministres ont nommé le directeur général et désigné le président du conseil d'administration. Le 7 mars 2013, s'est effectuée à Brazzaville la cérémonie d'inauguration officielle de l'immeuble qui abriterait désormais le siège administratif d'Air-Cémac.

Le premier vol d'Air-Cémac, maintes fois reporté depuis sa création, ne s'est jamais effectué. Par conséquent, au regard des difficultés que traversait cette compagnie aérienne en gestation, les chefs d'Etat de la Cémac ont décidé de renoncer à ce projet, lors de leur 12e session ordinaire qui s'est tenue, du 5 au 6 mai 2015, à Libreville, au Gabon.

6.1.2.11. Conférence des recteurs des universités et des responsables des organismes de recherche d'Afrique central (Cruror/Ac)

La Conférence des recteurs des universités et des responsables des organismes de recherche d'Afrique centrale (Cruror/Ac) constitue l'espace Cémac de l'enseignement supérieur et de la recherche.

Le Cruror/Ac a pour objectif de contribuer au renforcement :

- de la solidarité entre les universitaires des pays-

membres de la communauté ;
- des mobilités régionales par des échanges d'enseignants, de chercheurs et d'étudiants ;
- de l'harmonie sous-régionale de la gestion des services de scolarités universitaires ;
- de l'appui aux pôles d'excellence scientifique ;
- de l'élaboration d'un plan global d'intégration, structuré autour du système licence – master – doctorat (Lmd) ;

La déclaration sur la construction d'un espace Cémac de l'enseignement supérieur, de la recherche et de la formation professionnelle a été signée le 11 février 2005, à Libreville, en république du Gabon, par les chefs d'Etat de la Cémac. Suite donc à cette déclaration, le Conseil des ministres de la Cémac signa, le 11 mars 2006, les directives n° 01/06/Uéac-019-Cm-1 et n° 02/06-Uéac-019-Cm-14, portant respectivement application du système Lmd dans les universités et établissements d'enseignement supérieur de l'espace Cémac.

La Conférence des recteurs des universités, des responsables des organismes et recherches d'Afrique centrale se réunit une fois par an en session ordinaire, sur convocation du président de la Commission Cémac. Toutefois, elle peut se réunir en session extraordinaire, quand les circonstances l'exigent, sur convocation du président de la Commission Cémac, après concertation avec les autorités de l'Etat d'accueil.

La Cruror/Ac) est présidée, pour une durée d'un an, par le recteur de l'université d'accueil ou bien par le responsable de l'organisme de recherche du pays qui assure la présidence en exercice de la communauté.

6.1.2.12. Association des jeunes de la Cémac (Ajec)

L'Association des jeunes de la Cémac est une Organisation non gouvernementale. Elle a pour missions d'accompagner et participer à la mise en œuvre du processus d'intégration sous-régional, pour la construction d'une communauté forte, solidaire et réellement intégrée.

Créée en 2010, l'Association des jeunes de la Cémac est membre du Parlement africain de la société civile (Pasoci) et est représentée dans les six Etats-membres de la Cémac. Depuis 2012, l'Ajec organise chaque année le forum des jeunes de la Cémac (Fjc).

6.1.2.13. Synergie des jeunes de la Cémac (SJ-Cémac)

La Synergie des jeunes de la Cémac a pour mission de proposer à la jeunesse de la sous-région un programme destiné à la rendre responsable et autonome. Ce programme permettrait à cette jeunesse d'être capable de jouer un rôle utile dans la communauté. Il la conduirait également à développer sa culture dans une perspective de respect des uns envers les autres, à travers le concept « socialisation de l'intégration ».

Les objectifs de la SJ-Cémac sont :

- militer pour une intégration sous-régionale effective ;
- faire la promotion de l'hymne de la Cémac ;
- favoriser le brassage des cultures entre jeunes de la Cémac ;
- contribuer à l'élaboration de véritables stratégies participatives de lutte contre la pauvreté, par la

promotion d'une meilleure visibilité des atouts de l'intégration et du dynamisme des jeunes au sein des pays-membres de la Cémac ;
- aider les jeunes de la Cémac à mieux identifier les opportunités de la vie collective, de création d'un climat de paix sociale et culturelle ;
- aider la Cémac à mieux répondre aux différents besoins des populations et partenaires du développement en matière de lutte contre le chômage des jeunes, les pandémies et les crises et catastrophes de tout genre, en agissant avec sa jeunesse.

La Synergie des jeunes de la Cémac, dont le siège social est fixé à Yaoundé, au Cameroun, a été créée le 18 septembre 2008.

6.2. Institutions rattachées à l'Umac

6.2.1. Institutions spécialisées de l'Umac

Les institutions spécialisées de l'union monétaire sont :
- la Commission de surveillance du marché financier de l'Afrique centrale (Cosumaf) ;
- le Groupe d'action contre le blanchiment d'argent en Afrique centrale (Gabac).

Au terme de l'article 10 de la convention modifiée du 25 juin 2008 régissant l'union monétaire, pourrait faire partie des institutions spécialisées de l'Umac, toute autre institution spécialisée appropriée, créée par la Conférence des chefs d'Etat dans le cadre de l'Umac.

6.2.1.1. Commission de surveillance du marché financier (Cosumaf))

La Commission de surveillance du marché financier (Cosumaf) est l'organe d'autorité de tutelle, de régulation et de contrôle du marché financier régional. Elle bénéficie, à ce titre, des prérogatives de la puissance publique des six Etats de la Cémac.

A cela, la Commission de surveillance et du marché financier est investie de trois missions essentielles. Elle veille principalement :

- à la protection de l'épargne, notamment par la mise en garde des investisseurs lorsque la Commission constate l'offre des produits contraires aux lois et règlements. De façon générale, la Cosumaf rappelle aux investisseurs de la zone de la Cémac la nécessité de faire preuve de la plus grande prudence face à des produits ou des services financiers proposés par des sociétés inconnues, soit sur Internet, soit à l'occasion de courriers électroniques non sollicités (Spam) ;
- à l'information financière des investisseurs ;
- au bon fonctionnement du marché financier et prévient les risques systémiques.

A ce titre, la Cosumaf exerce sa tutelle sur :

- les émetteurs faisant appel public à l'épargne ;
- les opérations d'appel public à l'épargne ;
- les organismes de marché (la Bourse des valeurs mobilières de l'Afrique centrale et le dépositaire central) ;
- les intermédiaires de marché (les sociétés de bourse et leurs représentants agréés, les banques fournissant des services réglementés par la Cosumaf, les conseillers en investissement financier, les démarcheurs) ;
- les investisseurs intervenant dans le cadre des opérations d'appel public à l'épargne ;
- toute personne impliquée dans le fonctionnement du marché financier régional ;

- les offres publiques ;
- les organismes de placement collectif de leurs sociétés de gestion.

Parmi les objectifs de la Cosumaf, il y a :
- le relèvement du taux d'épargne financière et l'accroissement de l'offre des capitaux à long terme ;
- la diversification des moyens de financement et la modification de leur structure financière dans le sens d'un renforcement des fonds propres.

Conformément à l'article 14 du règlement n° 06/03 Cémac-Umac du 12 novembre 2003 portant organisation et fonctionnement de la Cosumaf, cette commission est, sauf avis contraire, composée de 12 membres comprenant :
- un président nommé par la Conférence des chefs d'Etat de la Cémac ;
- des membres nommés par le Comité ministériel de l'Umac.

La Cosumaf a été créée par acte additionnel n° 03/01-Cémac-Ce-03, du 8 décembre 2001, de la Conférence des chefs d'Etat de la Cémac. C'est l'acte n° 08/Cémac-Ce-04 du 23 janvier 2003 qui fixa le siège de la Cosumaf à Libreville, au Gabon.

La Cosumaf a été opérationnelle depuis le 13 août 2008. Quant aux commissaires titulaires et suppléants, nommés par le Comité ministériel de l'Umac, ils prêtèrent serment le 13 novembre 2008, devant la Cour de justice de la Cémac, à Ndjamena, au Tchad.

6.2.1.2. Groupe d'action contre le blanchiment d'argent en Afrique (Gabac)

Le Groupe d'action contre le blanchiment d'argent en Afrique (Gabac) anime, coordonne et dynamise les actions entreprises dans les Etats-membres, dans le cadre de la lutte contre le blanchiment d'argent et des produits du crime.

Ce groupe contribue à la connaissance des spécificités du phénomène du blanchiment d'argent en Afrique centrale. En clair, il initie et coordonne les actions d'évaluation des dispositifs anti-blanchiment au sein des Etats-membres.

Le Gabac entreprend en fait toute action visant à protéger les systèmes bancaires et financiers des atteintes liées au phénomène du blanchiment. Le Gabac permet de mettre en œuvre dans la communauté des principes, recommandations et normes arrêtés dans le cadre de la coopération internationale, notamment le plan d'action contre le blanchiment d'argent adopté par l'assemblée générale des Nations-Unies le 10 juin 1998. Ces recommandations sont édictées par le Groupe d'actions financières (Gafi), et autres conventions et traités en la matière.

La présidence du Gabac est assurée pour chaque année civile par un président, assistée d'un vice-président. Le président du Gabac est le ministre en charge des Finances de l'Etat auquel revient la présidence du Comité ministériel de l'Umac ou son représentant. Le vice-président est le ministre en charge de la Justice de l'Etat, suivant l'ordre alphabétique, dont est ressortissant le président du Comité ministériel de l'Umac en exercice. Le Gabac est doté d'un secrétariat permanent qui est placé sous la responsabilité d'un secrétaire permanent, nommé par le comité pour un mandat de trois ans, renouvelable une fois. Le Gabac dispose d'un personnel propre ou détaché par les Etats et institutions-membres.

Le Gabac a été créé par l'acte additionnel n° 09/00-Cémac-086/Cce-02 de la Conférence des chefs d'Etats d'Afrique centrale, tenue le 14 décembre 2000 à Ndjamena, au Tchad.

C'est le règlement 02/02/Cémac/Umac/Cm du 14 avril 2002 qui régit son organisation et son fonctionnement. Le Gabac a pour siège Bangui, en République centrafricaine.

6.2.2. Autres institutions et structures rattachées à l'Umac

6.2.2.1. Comité régional de normalisation financière (Corenofi)

Le Comité régional de normalisation financière (Corenofi) est un organisme à vocation communautaire en charge de l'édition de normes et standards communs applicables aux instruments et moyens de paiement au sein de la Communauté économique et monétaire de l'Afrique centrale (Cémac).

La création du Corenofi est due aux nombreuses insuffisances que révélaient les systèmes de paiement et de règlement gérés par la Banque des Etats de l'Afrique centrale (Béac), liées non seulement aux contre-performances de la compensation manuelle et des systèmes nationaux de télécommunications, mais également à la faible bancarisation de l'économie à l'importance de l'économie informelle.

Ainsi, dans le cadre des mesures du programme de redressement économique et financier de la sous-région, adopté en juillet 1999 par le Comité ministériel de l'Union monétaire de l'Afrique centrale (Umac), les pays de la Cémac, sous la conduite de la Béac, ont décidé d'initier une réforme de leurs systèmes de paiement et de règlement.

Le projet de réforme de ces systèmes de paiement et de règlement de la Cémac a opté pour l'instauration et le développement d'une *interbancarité* large s'appuyant, à la fois, sur une uniformisation des instruments de paiement et sur une standardisation des formats d'échange des informations et des données entre les différents participants aux systèmes de paiement.

L'étude et la conception du projet de réforme menées par le comité de pilotage du projet, institué par la Béac dès octobre 1999 et surtout par la tenue de trois séminaires entre mars et décembre 2001, ont permis de dégager trois axes d'orientation de la réforme, son architecture globale et ses architectures fonctionnelles.

Le Corenofi est présidé par le gouverneur de la Béac ou son représentant. Le président fixe l'ordre du jour et dirige les débats. Il est assisté d'un secrétaire chargé de rédiger le procès-verbal de séance et de diriger le secrétariat permanent du Corenofi. Le secrétaire est le président en exercice de la fédération des Apec. Le Secrétariat permanent du Corenofi est constitué au siège du Secrétariat permanent de la fédération des Apec à Yaoundé, au Cameroun.

6.2.2.2. Bourse des valeurs mobilières de l'Afrique centrale (Bvmac)

La Bourse des valeurs mobilières de l'Afrique centrale (Bvmac) a pour principales missions d'animer, d'organiser et de promouvoir le marché boursier sous-régional, d'admettre des valeurs à la cote officielle et de diffuser l'information boursière. Elle permet de développer la culture boursière et de donner des avis techniques pour l'habilitation des sociétés en bourse.

La surveillance et le contrôle des séances des cotations font aussi parties des attributions de la Bvmac.

Avec l'aboutissement du marché financier, la Cémac dispose d'un instrument permettant de favoriser une meilleure collecte de l'épargne et l'allocation des ressources, une réduction des coûts d'intermédiation, tout en étant un vecteur de transmission des innovations financières.

Créée le 27 juin 2003 à Libreville, au Gabon, la Bvmac a vu le lancement officiel de ses activités de cotation le 13 août 2008, à la capitale gabonaise, en présence des chefs d'Etat de la zone de la Cémac, des personnalités des missions diplomatiques et des institutions internationales présentes en Afrique centrale et des hommes d'affaires de la sous-région.

Indépendante des pouvoirs publics et des institutions de la Cémac, la Bvmac se conforme cependant, dans l'exécution de sa mission, aux règlements et instructions de la Cosumaf, dont elle sollicite chaque fois que nécessaire l'avis.

La Bvmac dont le siège est à Libreville regroupe la Centrafrique, le Congo, le Gabon, la Guinée équatoriale et le Tchad. Le Cameroun, autre Etat-membre de la Cémac, dispose de sa propre bourse à Douala, sous l'appellation de « Douala Stock Exchange (DSX) ».

6.2.2.3. Fonds de développement de la communauté (Fodec)

En vue de promouvoir le développement harmonieux de tous les Etats-membres, dans le cadre des acquis de l'Udéac, et pour surmonter les handicaps à l'intégration économique et sociale régionale que constituent l'enclavement et/ou l'insularité, il a été créé un fonds de développement de la communauté (Fodec) par la Conférence des chefs d'Etat. Ce fonds permet le financement des projets intégrateurs et la compensation de pertes des recettes (art. 94, convention révisée Uéac 2008).

Le Fodec a été institué par règlement n° 10/99-Uéac-023-Cm du 18 août 1999. Mais des difficultés dans la mobilisation des ressources, nécessaires à son bon fonctionnement, ont retardé sa mise en œuvre. Ainsi, ce fonds n'a été opérationnel qu'en début 2002. Tous les pays de l'Union économique devaient participer au financement du Fodec.

Le Fodec est un dispositif de la Cémac qui serait constitué de 70% de la taxe communautaire d'intégration (Tci), prélevée à un taux de 1% sur les marchandises fabriquées hors de l'espace Cémac. Les ressources du Fodec sont notamment affectées au financement du budget de la Cémac et de ses institutions sans ressources propres, ainsi que des projets intégrateurs de la sous-région.

CHAPITRE VII
QUELQUES ORGANISATIONS ET ORGANISMES SOUS-REGIONAUX COMPRENANT LES ETATS DE LA CEMAC

Il existe d'autres organisations et organismes sous-régionaux ou régionaux qui comprennent en tout ou en partie les Etats-membres de la Cémac. En voici quelques-uns.

7.1. Communauté économique des Etats de l'Afrique centrale (Cééac)

La Communauté économique et monétaire de l'Afrique centrale (Cémac) et la Communauté économique des Etats de l'Afrique centrale (Cééac) sont deux représentations sous-régionales d'Afrique centrale complémentaires et bien distinctes. Les six Etats-membres de la Cémac font partie intégrante de la Cééac.

La Cééac a pour objectifs fondamentaux la promotion et le renforcement d'une coopération harmonieuse et un développement dynamique, équilibré et autoentretenu, dans les différents domaines de l'activité économique et sociale. Particulièrement, dans le domaine de l'industrie, des transports, des communications, de l'énergie, de l'agriculture, des ressources naturelles, du commerce, des douanes, des ressources humaines, du tourisme, de la culture, de la science et de la technologie, des questions monétaires et financières, ainsi que le mouvement des personnes en vue de réaliser une autonomie collective, d'élever le niveau de vie des populations, d'accroître et de maintenir la stabilité économique, de renforcer les étroites relations pacifiques entre ses membres et contribuer au progrès du continent africain.

De ce fait, la Cééac viserait à atteindre une autonomie collective, à élever le niveau de vie des populations et à maintenir une stabilité grâce à une coopération harmonieuse. Son objectif ultime serait d'établir, à l'instar de la Cémac, un marché commun des Etats de l'Afrique centrale.

C'est en décembre 1981 que les dirigeants de l'Union douanière et économique de l'Afrique centrale (Udéac) ont pris l'accord de principe d'élargir l'espace communautaire des Etats de l'Afrique centrale. C'est ainsi que fut créée, le 18 octobre 1983 à Libreville, au Gabon, la Communauté économique des Etats de l'Afrique centrale (Cééac), par les chefs des Etats-membres de l'Udéac et de la Communauté économique des pays des Grands Lacs (Cepgl), composée à l'époque du Burundi, du Rwanda et du Zaïre (actuel Congo démocratique) ainsi que de Sao Tomé et Principe. Le traité de la Cééac est entré en vigueur le 18 décembre 1984 et fonctionne depuis 1985.

Avec une superficie de 6 640 490 Km^2 et une population estimée à 145 millions d'habitants (année 2013), la Cééac, avec la réintégration du Rwanda, compte actuellement onze Etats-membres : Angola, Burundi, Cameroun, Congo, Gabon, Guinée équatoriale, République centrafricaine, République démocratique du Congo, Rwanda, Sao Tomé et Principe et Tchad. Le Rwanda, s'étant retiré de la Cééac le 5 juin 2007, a décidé de réintégrer l'instrument communautaire, le 26 mai 2015, lors de la 16e session ordinaire des chefs d'Etat et de gouvernement qui s'est déroulée à Ndjamena, au Tchad. Le siège de la Cééac est situé à Libreville, en République gabonaise.

Les organes de la Cééac comprennent :

- La Conférence des chefs d'Etat et de gouvernement ;

- Le Conseil des ministres ;
- Le Secrétariat général ;
- La Cour de justice ;
- La Commission consultative ;
- Les Comités techniques de gestion.

Les institutions spécialisées de la Cééac sont les suivantes :

- la Commission des forêts d'Afrique centrale (Comifac) ;
- le Pool énergétique de l'Afrique centrale (Péac) ;
- le Comité régional des pêches du Golfe de Guinée (Corep).

En fonctionnement dès 1985, la Cééac eut à l'origine pour mandat la promotion du dialogue politique dans la région et la création d'une union douanière, ainsi que l'établissement de politiques sectorielles communes. Progressivement, la Cééac s'est vue donner la responsabilité de développer des capacités de maintien de la paix et de prévention des conflits en Afrique centrale, ainsi que celle de l'appui au processus électoral des Etats-membres.

C'est dans cet état d'esprit que les Etats de l'Afrique centrale ont adopté un pacte de non-agression, le 9 septembre 1994, lors des assises de Yaoundé (Cameroun) avant la fin de la 5e réunion du comité consultatif de l'Onu sur l'Afrique centrale. L'adoption de ce pacte fut réalisée entre les experts militaires et les ministres du Cameroun, de la République centrafricaine, du Congo-Brazzaville, de la Guinée équatoriale, du Gabon et de Sao Tomé et principe.

Mais, du fait des crises internes intervenues dans certains Etats-membres, la Cééac a connu une période de cessation d'activités de 1992 à 1997. En 1998, les chefs d'Etat et de gouvernement ont alors décidé de la relance des activités de la communauté. C'est ainsi qu'il y eut la deuxième réunion extraordinaire de la Cééac le 6 février 1998 à Libreville, au Gabon.

Les chefs d'Etat, présents à cette réunion, se sont engagés à faire renaître cette organisation. Ce sommet de Libreville a permis à la Cééac, alors inopérante, de sortir de sa léthargie et de reprendre ses activités. Par la même occasion, la Cééac en a profité pour étendre ses objectifs traditionnels à la promotion de la paix, de la sécurité et de la stabilité, faisant du développement des capacités sous-régionales une priorité.

Lors d'une conférence du Conseil permanent pour les questions de sécurité en Afrique centrale qui a eu lieu à Yaoundé le 25 et 26 février 1999, les Etats-membres de la Cééac ont décidé la création d'un mécanisme de promotion, de maintien et de consolidation de la paix et de la sécurité en Afrique centrale ; il s'agit du Conseil de paix et de sécurité d'Afrique centrale (Copax).

Le Copax se compose de trois organes techniques :

- la Force multinationale de l'Afrique centrale (Fomac) ;
- le Conseil de défense et de sécurité (Cds) ;
- le Mécanisme d'alerte rapide de l'Afrique centrale (Marac).

Outre sa mission traditionnelle de maintien de la paix, la Cééac, considérée comme outil d'intégration pour l'Afrique, détient dans son actif plusieurs projets et programmes, notamment :

- L'intégration des peuples autochtones (FIpac 3) ;
- La gestion responsable des aires protégées (Ecofac V) ;

- Le développement durable au service de l'intégration (Pacebco) ;
- La protection de la faune contre le braconnage (Lab) ;
- L'intégration pour l'agriculture (Ppda) ;
- Le projet régional de facilitation des affaires (Prfa) ;
- La gestion intégrée des ressources en eau (Gire) ;

7.2. Commission des forêts d'Afrique centrale (Comifac)

La Commission des forêts d'Afrique centrale (Comifac), organisme spécialisé de la Cééac, est une instance politique et technique d'orientation, de coordination et de décision en matière de conservation et de gestion durable des écosystèmes forestiers et de savanes en Afrique centrale.

En effet, les forêts denses et humides d'Afrique centrale qui couvrent près de 240 millions d'hectares renferment des ressources naturelles qui se trouvent dans dix pays (Burundi, Cameroun, Congo, Gabon, Guinée équatoriale, République centrafricaine, République démocratique du Congo, Rwanda, Sao Tomé et Principe, Tchad).

Le 17 mars 1999, les chefs d'Etat de la Communauté économique et monétaire de l'Afrique centrale (Cémac) signèrent au Cameroun la déclaration de Yaoundé. Les Etats signataires de cette déclaration furent : le Cameroun, la Centrafrique, le Congo, le Gabon, la Guinée équatoriale et le Tchad. Les résolutions de la déclaration de Yaoundé ont été les suivantes :

- harmoniser les politiques et les fiscalités ;
- aménager durablement les forêts et les savanes ;

- conserver les écosystèmes et la diversité biologique ;
- gérer les aires protégées nationales et transfrontalières ;
- faire participer acteurs et populations à la gestion forestière ;
- impliquer les opérateurs privés dans l'aménagement forestier ;
- intégrer les forêts avec les autres programmes sectoriels ;
- contrôler l'exploitation et l'utilisation des ressources ;
- promouvoir l'industrialisation de toutes les filières forestières ;
- financer les entreprises et créer des emplois durables ;
- financer durablement les actions de conservation ;
- promouvoir les fora nationaux et sous-régionaux de concertation sur les stratégies de développement et de gestion forestière.

En juin 2002, le Conseil des ministres en charge des forêts a adopté le statut de la Comifac. Quant au traité relatif à la conservation et à la gestion durable des écosystèmes forestiers d'Afrique centrale et instituant la Commission des forêts d'Afrique centrale, il fut adopté par le Conseil extraordinaire des ministres du 30 septembre 2004 à Libreville, au Gabon, et signé par les chefs d'Etats-membres de la Comifac, en février 2005, à Brazzaville.

Déjà en mars 1999, à la déclaration de Yaoundé, un plan de convergence sous-régional a été développé au premier sommet des chefs d'Etat d'Afrique centrale sur les forêts. Ce plan de convergence est une plate-forme commune d'actions prioritaires à réaliser aux niveaux sous-régional et national pour atteindre les objectifs convergents en matière de conservation et de gestion durable des écosystèmes forestiers. C'est au cours du deuxième sommet des chefs d'Etat de février 2005, à Brazzaville, que le plan de convergence sous-régional fut adopté.

Ce plan de convergence s'articule autour de dix axes :

- harmonisation des politiques forestières et fiscales ;
- connaissance de la ressource ;
- aménagement des écosystèmes et reboisement forestiers ;
- conservation de la diversité biologique ;
- valorisation durable des ressources forestières ;
- développement des activités alternatives et réduction de la pauvreté ;
- renforcement des capacités, participation des acteurs, information, formation ;
- recherche et développement ;
- développement des mécanismes de financement ;
- les fora nationaux ;
- le forum sous-régional.

Les organes de la Comifac sont :

- le Conseil des ministres ;
- le Secrétariat exécutif.

Le siège de la Comifac est à Yaoundé, au Cameroun.

7.3. Pool énergétique de l'Afrique centrale (Péac)

Le Pool énergétique de l'Afrique centrale (Péac) est chargé de mettre en œuvre la politique énergétique régionale, de mener et de suivre les études de construction des infrastructures de la sous-région d'Afrique. Il est chargé également de l'organisation des échanges de l'énergie électrique et des services connexes dans l'espace de la Cééac.

Organisme spécialisé de la Communauté économique des Etats d'Afrique centrale (Cééac), le Péac a été créé le 13 avril 2003. Plusieurs projets sont à leur actif tels que l'interconnexion des réseaux électriques entre Etats, notamment le projet d'interconnexion Inga – Cabinda – Pointe-Noire.

La vision du Péac est la suivante :

- renforcer la sécurité d'approvisionnements en électricité des différents pays de la Cémac ;
- accroître le taux d'accès à l'électricité des populations et réduire la pauvreté ;
- améliorer la fiabilité du système électrique et de la qualité de la fourniture d'électricité dans l'ensemble de la sous-région ;
- existence d'un forum sous-régional où les problèmes du secteur de l'énergie sont examinés et des solutions appropriées trouvées dans le cadre des procédures et politiques définies en tenant compte des impacts sur l'environnement ;
- créer un marché régional libre d'échange de l'énergie électrique.

La structure organique du Péac s'effectue de la manière suivante :

- le Conseil des ministres (ministres d'Energies des pays-membres) ;
- le Comité exécutif (Dg ou Sg des administrations publiques de l'énergie) ;
- le Comité de direction (Pdg ou Dg des sociétés d'électricité) ;
- le Secrétariat permanent (il assure l'administration, assiste les autres organes structurels,

anime et coordonne les activités de l'ensemble des autres structures).

Le siège du Pool énergétique de l'Afrique centrale est situé à Brazzaville, au Congo.

7.4. Comité régional des pêches du Golfe de Guinée (Corep)

Le Comité régional des pêches du Golfe de Guinée (Corep) est un outil sous-régional de concertation et de coopération, en matière de gestion durable du secteur de la pêche.

Institution spécialisée de la Cééac, le Corep a été créé le 21 juin 1984 à Libreville, au Gabon, par une convention collective relative au développement régional des pêches dans le Golfe de Guinée. Mais, l'entrée en vigueur de cette convention n'est intervenue qu'en 1991 et la Corep n'a été opérationnelle qu'à partir de 1993. Le siège de la Corep est à Libreville, au Gabon.

La convention créant la Corep s'applique aux Etats riverains du Golfe de Guinée, situés entre la république du Cameroun et la république d'Angola. A ce jour, la Corep regroupe 7 Etats-membres de la Cééac (Angola, Cameroun, Congo, République démocratique du Congo, Gabon, Guinée équatoriale et Sao Tomé et Principe).

La Corep assiste les Etats-membres à protéger et à mettre en valeur les ressources halieutiques. Elle leur permet de promouvoir le développement de l'aquaculture, en vue de maximiser l'exploitation des potentialités des milieux aquatiques et de garantir le bien-être du plan du nombre d'habitants. De ce fait, en juillet 2008, un Plan d'action stratégique (2009-2015) a été adopté à Brazzaville. Ce plan d'action permet à la Corep de mener à bien ses actions de gestion durable des ressources humaines.

La Corep comprend les organes suivants :
- le Conseil des ministres ;
- le Comité technique ;
- le Secrétariat exécutif ;
- le sous-comité scientifique.

7.5. Centre sous-régional de la maintenance de télécommunications de l'Afrique centrale (Csmtac)

Le Centre sous-régional de la maintenance de télécommunications (Csmtac) a essentiellement pour objet :
- la réparation des cartes électroniques complexes des équipements de télécommunications (commutation, transmission numérique, terminaux d'abonnés, etc.) ;
- la réparation et l'étalonnage des appareils de mesure des entreprises publiques et privées des télécommunications, radiodiffusion, de la télévision et d'autres utilisateurs éventuellement ;
- les interventions sur place pour réparations de mesures ou testeurs intégrés aux équipements ;
- l'étude de fiabilité des équipements fonctionnant en Afrique et envoyés en réparation ;
- l'étude des adaptations des installations au contexte africain ;
- le perfectionnement des ingénieurs et techniciens des laboratoires et centres nationaux de maintenance ;
- les prêts d'appareils de mesure et de testeurs coûteux d'utilisation peu fréquente aux entreprises.

La création du Csmtac a été la volonté des gouvernements de la Communauté économique des Etats de l'Afrique centrale (Cééac), soutenue par l'Union internationale des communications (Uic). Cette volonté de création du Csmtac fait suite à l'importance et la complexité des problèmes communs qui se sont posés aux diverses administrations et entreprises des pays en charge des télécommunications en Afrique.

Aussi, malgré d'énormes investissements dans le domaine des télécommunications, la qualité tant des réseaux que des services est restée inférieure à celle programmée dans les plans de développement de ces pays.

Pour pallier tous ces maux, la Conférence des chefs d'Etat et de gouvernement des Etats suivants : Angola, Burundi, Cameroun, Centrafrique, Congo-Brazzaville, Congo démocratique, Gabon, Guinée équatoriale, Rwanda, Sao Tomé et Principe et Tchad, désigna, le 6 avril 1991, Yaoundé (Cameroun) comme lieu d'implantation du Csmtac. Une dizaine d'années après, un accord gouvernemental portant création du Centre sous-régional de la maintenance de la télécommunication fut adopté par les Etats-membres de la Cééac, par règlement n°7/00/Cémac/-062-Cm-04 du 21 juillet 2000.

Le fonctionnement et l'organisation structurale du Csmtac sont définis par le statut de celui-ci. Ce statut est élaboré par les actionnaires du centre, conformément à la réglementation en vigueur dans le pays-siège. Par ailleurs, il a été placé un comité de pilotage du projet du Csmtac. Ce comité est appelé à se réunir aussi fréquemment que nécessaire et au moins une fois tous les trois mois.

Le comité de pilotage a pour mission de :

- gérer le projet en coopération étroite avec l'Union internationale de télécommunication (Uit) et le Bureau de développement des télécommunications (Bdt) et la Cémac ;
- convoquer une assemblée générale constitutive du centre ;
- veiller à instaurer un partenariat constructif avec les industries des télécommunications pour la réussite du projet.

Le comité de pilotage est composé des pays et organismes suivants :

- Cameroun ;
- Centrafrique ;
- Congo-Brazzaville ;
- Secrétariat exécutif (actuelle Commission Cémac) ;
- Uit/Bdt (Union international de télécommunication) ;
- Rascom (Système régional africain de communication par satellite).

7.6. Organisation africaine de la propriété industrielle (Oapi)

L'Organisation africaine de la propriété industrielle (Oapi) est un organisme intergouvernemental. Cette organisation est chargée de protéger, de manière uniforme, les droits de propriété intellectuelle sur les territoires des Etats-membres. L'Oapi a été instituée par l'accord dit de Bangui du 2 mars 1977. Elle a essentiellement pour rôle :

- la délivrance des titres de protection, selon une procédure commune à tous les Etats-membres. Ces titres produisent automatiquement leurs

effets dans tous les Etats-membres ;
- la mission de documentation et d'information ;
- l'implication dans le développement technologique.

L'accord de Bangui du 2 mars 1977 a été réactualisé par rapport à l'accord de Libreville (Gabon) du 13 septembre 1962. Les Etats-membres signataires de l'accord de Libreville avaient décidé de mettre en place une structure commune destinée à leur servir d'office national de propriété intellectuelle. L'accord de Libreville donna ainsi naissance à l'Office africain et malgache de propriété industrielle (Oampi)).

Avant l'accord de Libreville, jusqu'en 1962, c'est la législation française sur la propriété industrielle qui fut applicable dans la plupart des pays de l'Afrique francophone, regroupés dans le cadre de l'union française. L'accord de Bangui n'est entré en vigueur que le 23 novembre 2000 à Malabo, en Guinée équatoriale.

L'Organisation africaine de la propriété intellectuelle (Oapi) a pour institutions :
- le conseil d'administration ;
- la direction générale ;
- la commission supérieure de recours.

Les Etats-membres de l'Organisation africaine de la propriété intellectuelle (Oapi), au nombre de dix-sept, sont les suivants : Bénin, Burkina Faso, Cameroun, Centrafrique, Comores, Congo-Brazzaville, Côte d'Ivoire, Gabon, Guinée, Guinée-Bissau, Guinée équatoriale, Mali, Mauritanie, Niger, Sénégal, Tchad, Togo.
Enfin, le siège de l'Oapi est à Yaoundé, en république du Cameroun.

7.7. Centre régional de sécurité maritime de l'Afrique centrale (Cresmac)

Rattaché au secrétariat de la Communauté économique des Etats de l'Afrique centrale (Cééac), le Cresmac est créé dans le cadre de sécurisation des intérêts vitaux en mer des Etats de la Cééac du Golfe de Guinée. Il coordonne en fait l'action en mer des différentes marines de la région, particulièrement dans la lutte contre la piraterie ou le brigandage en mer.

Pour mettre en sécurité les intérêts en mer des Etats riverains de la Cééac, le Cresmac a adopté une stratégie en mettant en commun les compétences civiles et militaires. Les principaux axes de cette stratégie sont les suivants :

- Gestion communautaire de l'information par la mise en place des mécanismes de recherche et d'échange des informations entre les Etats ;
- Surveillance communautaire par la mise en place des procédures opérationnelles conjointes et des moyens interopérables de surveillance et d'intervention ;
- Harmonisation de l'action des Etats en mer au plan juridique et institutionnel ;
- Institution d'une taxe communautaire sur la base des mécanismes existants ;
- Acquisition et entretien des équipements majeurs, dédiés à la stratégie, pour garantir une capacité opérationnelle minimale à chaque Etat ;
- Institutionnalisation d'une Conférence maritime au niveau de la Commission de défense et de sécurité (Cds) afin de maintenir la mobilisation de tous les opérateurs du milieu marin.

La mise en place du centre régional de sécurité maritime de l'Afrique centrale (Cresmac) a été décidée, dans un protocole relatif à la sécurisation des intérêts vitaux en mer dans le Golfe de Guinée, par la 14e session ordinaire de la Conférence des chefs d'Etat et de gouvernement de la Cééac, le 24 octobre 2009, à Kinshasa.

Tous les Etats signataires de ce protocole d'accord doivent le respecter. Ils sont tenus de mettre en œuvre la stratégie de sécurisation des intérêts vitaux en mer des Etats-membres des Etats de la Cééac du Golfe de Guinée. Le siège du Cresmac est à Pointe-Noire, capitale économique du Congo-Brazzaville

CHAPITRE VIII
FORCES SECURITAIRES DANS LA SOUS-REGION

La Cémac et la Cééac jouent un rôle similaire et concret dans le maintien de la paix dans la sous-région. Dans ce cadre, beaucoup de structures de sécurité ont été mises en place par les chefs d'Etat de ces deux communautés.

8.1. Comité des chefs de police de l'Afrique centrale (Ccpac)

Le Comité des chefs de police de l'Afrique centrale (Ccpac) a été créé en avril 1997 dans le cadre des dispositions sécuritaires, au sein de la sous-région. La création du Ccpac fut suivie, en avril 1999, de la conclusion d'un accord de coopération, en matière de police criminelle, entre le secrétaire général de l'Interpol et le secrétariat exécutif de la Cémac (actuelle Commission Cémac).

Cela dit, le Ccpac permettrait de mieux lutter contre la délinquance transnationale. En effet, l'ampleur que prenait la criminalité, dans la sous-région d'Afrique centrale, devenait de plus en plus préoccupante et atteignait des formes aussi diverses que variées.

Selon les experts de la Ccpac, l'Afrique centrale est devenue en quelque sorte le lieu où sévissent des bandes armées, appelées encore « coupeurs de route », des bandits de grand chemin, des passeurs de drogue, des trafiquants de femmes et d'enfants, d'organes humains et autres criminels économiques.

C'est dans ce contexte que le Comité des chefs de police de l'Afrique centrale (Ccpac) a vu le jour le 10 avril 1997 à Brazzaville, au Congo. La création de ce comité fut le fruit d'une coopération active entre l'Organisation internationale de police criminelle (Oipc-Interpol) et huit pays de la sous-région d'Afrique centrale, à savoir : Cameroun, République centrafricaine, Congo-Brazzaville, Gabon, Guinée équatoriale, République démocratique du Congo, Tchad, Sao Tomé et Principe.

Pour mener à bien sa mission, le Ccpac s'est assigné les objectifs suivants :

- améliorer la coopération entre les services de police des Etats de l'Afrique centrale ;
- renforcer en efficacité dans le domaine de la prévention et dans la lutte contre la criminalité transfrontalière dans la sous-région ;
- permettre un maximum d'efficacité dans les différentes interventions de police, tout en respectant les lois et règlements, ainsi que les droits de l'homme ;
- conduire à la revalorisation de la coopération sous-régionale qui doit transcender les égoïsmes nationaux et s'appuyer davantage sur le soutien, tant du secrétariat général de l'Organisation internationale de police criminelle (Oipc-Interpol) que des pays-membres.

Le Ccpac est dirigé par un président dont le mandat est d'un an renouvelable. C'est lui qui convoque la réunion annuelle. Le Ccpac se compose de deux sous-comités. Le premier sous-comité est chargé d'élaborer les accords et de veiller à leur application. Tandis que le second s'occupe de la formation des agents de l'opération de police. Pour faciliter les échanges de renseignements entre les polices judiciaires, il a été implanté dans les pays-membres des bureaux centraux nationaux.

8.2. Centre de formation d'enquête criminelle

Le Centre de formation d'enquête criminelle a pour objectif de contribuer à l'harmonisation des techniques et moyens de lutte contre la criminalité transfrontalière en Afrique centrale. C'est par règlement n° 07/05-Uéac-057-Cm-13 du 07 février 2005 qu'a été adopté, à Libreville, au Gabon, la convention portant création du Centre de formation spécialisée en matière d'enquête criminelle en Afrique centrale.

Cette convention fut signée par les gouvernements des pays suivants :

- Le Cameroun ;
- La République centrafricaine ;
- Le Congo ;
- La République démocratique du Congo ;
- Le Gabon ;
- La Guinée équatoriale ;
- Sao Tomé et Principe ;
- Le Tchad.

La volonté commune des chefs d'Etats-membres de la Cémac permettrait d'harmoniser leurs programmes d'action dans le domaine de la coopération policière et de la lutte contre la criminalité. Aussi, cette coopération des services de police des Etats de la sous-région s'avèrerait très indispensable compte tenu du caractère transnational de la criminalité.

Cela dit, le centre sous-régional en matière d'enquête criminelle a principalement pour missions de :

- participer à l'élaboration des stratégies cohérentes de prévention du crime et de lutte contre les réseaux criminels ;
- veiller à l'harmonisation des approches et techniques d'enquête criminelle ;
- mettre à la disposition des personnels intéressés une documentation actualisée sur les progrès scientifiques et technologiques enregistrés en matière d'enquête criminelle ;
- optimiser la maîtrise des instruments internationaux de coopération en matière de lutte contre la criminalité ;
- encourager la connaissance sur l'organisation et le fonctionnement des structures nationales des services chargés de l'application de la loi des autres Etats-membres.

Placé sous la tutelle des ministres en charge des questions de sécurité en Afrique centrale, le Centre de formation d'enquête criminelle fonctionne au sein de l'Ecole nationale supérieure de police de Yaoundé, au Cameroun. Ce centre comprend un premier cycle pour la formation des personnels d'exécution, un second cycle ouvert aux personnels de niveau intermédiaire et un cycle spécial réservé aux cadres de conception et d'encadrement des services chargés de l'application de la loi.

Les programmes des cycles normaux de formation sont élaborés en sessions semestrielles, trimestrielles ou mensuelles, suivant les objectifs approuvés par le conseil d'administration. Des séminaires et conférences à durée généralement limitée sont organisés dans le cadre des programmes du cycle spécial de formation.

Les stagiaires au centre sont recrutés parmi les personnels des services chargés de l'application de la loi des Etats-membres ayant vocation à conduire ou à exploiter des procédures d'enquête criminelle. Les stagiaires des pays non signataires de la convention peuvent être admis au centre sur décision du conseil d'administration qui en fixe les modalités avec chaque autorité requérante.

Leurs frais d'entretien et de scolarité sont bien entendu à la charge de chaque autorité requérante. En matière de fonctionnement, le centre comprend :

- un conseil d'administration ;
- une direction ;
- un contrôleur financier ;
- un personnel enseignant.

8.3. Lutte contre le terrorisme en Afrique centrale

En matière de lutte contre le terrorisme en Afrique centrale, une convention a été signée le 27 mai 2004 à Libreville, au Gabon, entre les Etats-membres issus du Comité des chefs de police de l'Afrique centrale (Ccpac). Cette convention a été officialisée par règlement n° 08/05-Uéac-057-Cm-13 du 7 février 2005 portant adoption de la convention relative à la lutte contre le terrorisme en Afrique centrale.

Les gouvernements des Etats signataires de cette convention sont :

- Le Cameroun ;
- La République centrafricaine ;
- Le Congo ;
- La République démocratique du Congo ;
- Le Gabon ;
- La Guinée équatoriale ;
- Sao Tomé et Principe ;
- Le Tchad.

Par cette convention, les chefs d'Etats-membres du Ccpac ont exprimé leur consentement à prévenir et réprimer tout acte de terrorisme, notamment :

- tout acte ou menace en violation des lois pénales d'un Etat signataire de la convention, susceptible de mettre en danger la vie, l'intégrité physique, les libertés d'une personne ou d'un groupe de personnes, qui occasionnerait ou pourrait occasionner des dommages aux biens privés ou publics, aux ressources naturelles, à l'environnement ou au patrimoine culturel et commis dans l'intention :
  - d'intimider, provoquer une situation de terreur, forcer, exercer des pressions ou amener tout gouvernement/organisme, institution, population ou groupe de celle-ci à engager toute initiative ou à s'en abstenir, à adopter, à renoncer à une position particulière ou à agir selon certains principes ;
  - de perturber le fonctionnement normal des services publics, la prestation de services essentiels aux populations, ou encore de créer une situation de crise au sein des populations ;
  - ou de créer une insurrection générale dans un Etat signataire de la convention.
- toute promotion, financement, contribution, ordre, aide, incitation, encouragement, tentative, menace, conspiration, organisation ou équipement de toute personne avec l'intention de commettre tout acte mentionné aux paragraphes ci-dessus.

A cela, en vue de lutter de façon coordonnée et efficace contre la menace terroriste, les Etats signataires de la convention se sont engagés à :

- prévenir par tous les moyens, sur leurs territoires respectifs, la préparation, le financement, la commission d'actes terroristes ou l'implantation d'organisations reconnues comme terroristes par les Nations-Unies ;
- interdire sur leurs territoires toute forme de propagande ou d'apologie du crime en général et du terrorisme en particulier et de soutien aux organisations terroristes ;
- mettre en œuvre le règlement de la Cémac portant prévention et répression du blanchissement des capitaux et du financement du terrorisme en Afrique centrale ;
- mettre en place, au niveau de chaque Etat signataire de la convention, des unités opérationnelles spécialisées et renforcer les dispositifs existants, conformément aux procédures de contrôle et de protection de leurs frontières, des routes ainsi que de leurs espaces maritimes et aériens nationaux ;
- adapter, pour les Etats qui ne l'ont pas encore fait, les législations internes au contexte actuel de la criminalité internationale, en prenant en compte le phénomène du terrorisme dont les risques de propagation sont de plus en plus palpables en Afrique ;
- initier des programmes de formation spécialisée des personnels des services chargés de lutter contre le terrorisme en Afrique centrale.

En outre, une coopération en matière de lutte contre les infractions à caractère terroriste devrait exister entre les Etats signataires de la convention. A cela, les Etats s'engageraient à :

- s'offrir mutuellement, à travers leurs services compétents, toutes assistances telles que stipulées dans la convention d'entraide judiciaire de la

Cémac, l'accord de coopération en matière de police criminelle entre les Etats de l'Afrique centrale ou tout autre instrument juridique en vigueur entre eux ;

- créer dans le cadre du comité des chefs de police de l'Afrique centrale une banque de données commune sur les personnes poursuivies pour terrorisme, les groupes, les mouvements et les organisations à caractère terroriste ;
- arrêter et faire juger par leurs juridictions compétentes les personnes ayant commis ou tenté de commettre les infractions à caractère terroriste ;
- extrader vers l'Etat requérant les auteurs d'infractions à caractère terroriste, conformément à la convention d'extradition de la Cémac ou de tous autres accords auxquels l'Etat requérant et l'Etat requis sont partis ;
- remettre de police à police, sous réserve de l'accord des autorités judiciaires compétentes, les personnes arrêtées pour terrorisme ainsi que les objets (armes, munitions, explosifs, véhicules, dossiers ou documents de procédure, d'actes ou décisions judiciaires) saisis dans le cadre d'une telle procédure, conformément aux dispositions pertinentes de l'accord de coopération en matière de police criminelle entre les Etats de l'Afrique centrale, ainsi qu'aux dispositions de l'accord d'extradition et de l'accord de coopération judiciaire entre les Etats-membres de la Cémac ;
- mettre en place une coopération efficace entre les services de lutte contre le terrorisme et les citoyens ;
- garantir les droits de la défense en rendant obligatoire l'assistance des suspects ;

- promouvoir une politique et une culture d'assistance aux victimes du terrorisme ;
- échanger tous renseignements, concernant une infraction, à caractère terroriste, commise ou en voie de préparation sur le territoire d'un Etat signataire de la convention ;
- mener des études et des travaux de recherche sur le terrorisme, avec une mise en commun des résultats et un échange d'expériences en matière de prévention de cette forme de criminalité.

En matière d'extradition des malfaiteurs pour une entraide judiciaire, chaque Etat s'engage à extrader tout individu recherché pour une infraction à caractère terroriste et dont l'extradition est demandée par tout autre Etat signataire de la convention. L'extradition des personnes poursuivies pour le terrorisme se fait sous certaines conditions, conformément aux dispositions de la convention d'extradition de la Cémac, des accords multilatéraux ainsi que des règles et procédures en la matière dans chaque Etat concerné.

8.4. Force multilatérale en Centrafrique (Fomuc)

La Force multilatérale en Centrafrique (Fomuc) a été créée le 2 octobre 2002 par la Conférence des chefs d'Etat de la Communauté économique et monétaire de l'Afrique centrale (Cémac), à Libreville, pour assurer la paix et la sécurité en Centrafrique, à la suite des troubles sociopolitiques survenus dans ce pays. Soutenue par la France, elle devint opérationnelle le 21 décembre 2002.

Basée à Bangui, la Fomuc avait pour mandat initial :
- de contribuer à la sécurisation du président de la république de l'époque et à la restructuration des Forces armées centrafricaines ;

- de surveiller le travail des patrouilles mixtes le long de la frontière avec le Tchad.

Mais, à partir de 2004, la Fomuc s'est impliquée dans l'accompagnement du processus de transition pour la réconciliation nationale, le retour rapide à l'ordre constitutionnel et la restauration d'une paix durable en RCA.

Jusqu'au 15 mars 2003, la Fomuc s'était principalement occupée du contrôle de la plate-forme aéroportuaire de Bangui - Mpoko, en liaison avec les Forces armées centrafricaines, et de la sécurisation de la ville de Bangui par des patrouilles légères, de jour comme de nuit. La Fomuc a participé, en même temps, dans la lutte contre les « coupeurs de route », les bandes armées et des rébellions opérant dans le nord de la RCA.

A la suite des événements du 15 mai 2003, la Fomuc a procédé à l'arrestation et au désarmement à Bangui de plusieurs chefs de guerre, à la sécurisation et à la restauration du calme tant à la capitale qu'à l'intérieur du pays. Dès le mois d'octobre 2004, la Fomuc a entrepris des missions liées au processus électoral (convoyage et sécurisation du matériel de recensement, gardiennage du matériel électoral, etc.). Du coup, elle a contribué à la sécurité relative au référendum constitutionnel de novembre 2004 et aux élections législatives et présidentielle de 2005.

Le 29 juin 2005, le mandat de la Fomuc, qui naguère ne fut officiellement focalisé qu'à Bangui, fut élargi au reste du pays, avec pour objectif de contribuer à la sécurisation de la RCA, au processus de normalisation des institutions, de stabilisation et de relance du pays. La Fomuc, au plus fort de sa présence, comprit environ 380 hommes en mai

2005 dont 120 soldats congolais, 138 Gabonais et 121 Tchadiens, ainsi qu'un personnel civil de 38 personnes, en majorité des Centrafricains. Depuis le 12 juillet 2008 à Bangui, la Fomuc s'est transformée en Mission de consolidation de la paix (Micopax), sous l'égide, cette fois, de la Communauté économique des Etats de l'Afrique centrale (Cééac).

8.5. Force militaire de l'Union européenne (Eufor)

L'opération Eufor eut pour mandat d'assurer la sécurité de 450 000 réfugiés du Darfour (Soudan) et déplacés tchadiens. A cet effet, cette opération consistait à déployer 3 700 soldats dans l'Est du Tchad et le Nord-est de la Centrafrique.

C'est en fait le 28 janvier 2008 que l'Union européenne a décidé de lancer une opération militaire de transition, conformément au mandat figurant sur la résolution 1778 (année 2007) du Conseil de sécurité de l'Onu.

Bien que cette opération militaire ait été retardée de quatre mois, faute de trouver les moyens logistiques nécessaires à sa mission, l'opération Eufor a atteint sa capacité opérationnelle initiale (Coi) le 15 mars 2008. Son déploiement s'est poursuivi de façon croissante et continue jusqu'à atteindre sa pleine capacité opérationnelle (3 300 soldats) le 15 septembre 2008. Ayant atteint son objectif de ramener la sécurité et maintenir la stabilité dans la zone dite de « trois frontières », connue pour sa perméabilité avec le Darfour et le Tchad, l'Eufor toucha à sa fin.

Les Européens cédèrent la place à une force militaire de l'Onu, appelée Mission des Nations-Unies en République centrafricaine et au Tchad (Minurcat). Le désengagement européen a débuté progressivement à compter du 15 mars

2009. En succédant à l'Eufor, la Minurcat s'est engagée à créer et renforcer les conditions de sécurité suffisantes au Tchad et en Centrafrique.

Ces conditions permettraient principalement au retour volontaire des réfugiés et des personnes déplacées provenant du Tchad, de la Centrafrique et du Soudan voisin. Par ailleurs, il y eut, après six ans environ, la création d'une autre Eufor, sous l'appellation d'Eufor Rca, dirigée toujours par l'Union européenne, qui fut opérationnelle à partir du 1er avril 2014 et dont les activités prirent fin le 15 mai 2015, date à laquelle, elle fut remplacée par la Mission militaire européenne en Centrafrique.

La force européenne Eufor Rca avait, en fait, pour objectif d'assurer la sécurisation uniquement dans la « zone de Bangui ». Avec un contingent de 700 hommes, tous déployés dans la capitale centrafricaine, les premiers soldats de l'Eufor Rca, au nombre de 150, prirent, le 30 avril 2014, la relève de la force française Sangaris, à l'aéroport de Bangui, qu'ils furent chargés de sécuriser, conformément au principe approuvé le 20 janvier 2014 lors du conseil des ministres des Affaires étrangères de l'Union européenne.

8.6. Mission des Nations-Unies en République centrafricaine et au Tchad (Minurcat)

La Minurcat a été créée le 25 septembre 2007, par la résolution 1778 du Conseil de sécurité des Nations-Unies, dans le cadre d'une opération multidimensionnelle. La Minurcat, qui se succéda à la Force européenne (Eufor) dont la mission prit officiellement fin en mars 2009, était destinée à restaurer les conditions de sécurité nécessaires au retour volontaire et durable des réfugiés et personnes déplacées par les conflits de cette région dite des « trois frontières », à cheval entre le Tchad, la République centrafricaine et le Soudan.

La Minurcat devrait également faciliter l'acheminement de l'aide humanitaire et la libre circulation du personnel humanitaire et protéger le personnel, les locaux, les installations et le matériel des Nations-Unies. Selon la résolution qui a été présentée par la France, la Minurcat devrait comprendre 300 policiers, 25 officiers de liaison, 5 200 militaires ainsi qu'un effectif approprié de personnel civil.

8.7. Le Conseil de paix et de sécurité de l'Afrique centrale (Copax)

Sous l'égide de la Cééac, le Copax a pour mission de veiller au maintien, à la consolidation et à la promotion de la paix et de la sécurité en Afrique centrale. Il est compétent pour traiter tant les conflits interétatiques que les conflits internes. Le Copax a également pour mission de constituer et de déployer des missions civiles et militaires d'observation et de vérification en vue de prévenir, de maintenir ou de rétablir la paix dans la sous-région.

Il constitue en particulier l'organe de préparation des décisions des chefs d'Etat relatives aux mesures de prévention, de gestion et de règlements des conflits. Le Copax est aussi compétent pour l'aide humanitaire en faveur notamment des déplacés et réfugiés.

Les objectifs du Copax sont :

- développer et intensifier la coopération sous-régionale en matière de sécurité et de défense ;
- mettre en œuvre les dispositions pertinentes relatives à la non-agression et à l'assistance mutuelle en matière de défense ;
- définir les grandes orientations dans les domaines de l'établissement, du maintien et de la consolidation de la paix à l'échelon sous-régional.

Le Copax a été créé le 25 février 1999, lors de la réunion des chefs d'Etat réunis à Yaoundé, au Cameroun. Cette réunion portait, entre autres, sur les questions de sécurité en Afrique centrale, dans le cadre du Comité consultatif permanent des Nations-Unies.

Le 26 juin 1999, lors du sommet tenu à Malabo, en Guinée équatoriale, les chefs d'Etat ont décidé d'intégrer le Copax à la Cééac. Le protocole intégrant donc le Copax à la Cééac a été signé le 24 février 2000, lors du sommet extraordinaire de Malabo. Les dispositions de ce protocole sont précisées dans le cadre du mémorandum entre l'Union africaine et les communautés régionales. De ce fait, le Copax était devenu un organe spécial de gestion des problèmes de paix et de sécurité, d'où la création d'une Force multinationale en Afrique centrale (Fomac).

Le 17 juin 2002, ont été adoptés lors de la 10e Conférence de la Cééac, réunie à Malabo le 17 juin 2002, les organes techniques suivants :

- **la Commission de défense et de sécurité (Cds)**. Cette commission rassemble les chefs d'état-major, des chefs de police et de gendarmerie des différents Etats-membres. La Cds est une structure de préparation des décisions qui est chargée de planifier, d'organiser et de donner des conseils aux instances décisionnaires de l'organisation dans le domaine des opérations militaires ;
- **le Mécanisme d'alerte rapide de l'Afrique centrale (Marac)**. Il est chargé d'informer et d'alerter les instances décisionnelles sur les risques de crise. Cela leur permet de disposer d'un outil d'aide à la décision, aux fins de la prévention, de la gestion et de la résolution des crises. Le Marac met en œuvre le système d'alerte précoce de la sous-région par la collecte et

l'analyse des données relatives aux causes et aux risques de conflit à court ou long terme ;

- **la Force multinationale de l'Afrique centrale (Fomac).** C'est une force armée multinationale africaine, sous l'égide de la Cééac. Elle a pour rôle d'assurer des missions de maintien, d'imposition ou de restauration de la paix, de sécurité, ainsi que les actions d'aide humanitaire de la Cééac. La Fomac a aussi vocation pour intervenir en cas d'agression, de conflit entre Etats-membres ou de conflit ou menace de conflit dans un Etat-membre, de renversement ou de tentative de renversement des institutions constitutionnelles d'un Etat-membre.

8.8. Mission de consolidation de la paix (Micopax)

Placée sous l'autorité de la Cééac, la Mission de consolidation de la paix (Micopax) a pour mandat de consolider le climat de paix et de stabilité, d'aider au développement du processus politique, de promouvoir le respect des droits de l'homme, de coordonner l'aide humanitaire et de prendre part à la lutte contre le VIH/SIDA. Aussi, la Micopax peut être appelée à être déployée dans n'importe quel Etat-membre de la Cééac, tel le cas de la Centrafrique, pour assurer la paix et la sécurité des populations menacées.

A sa création, la Micopax fut composée des contingents militaires de la quasi-totalité des pays-membres de la Cééac, à savoir : Angola, Burundi, Centrafrique, Cameroun, Congo, Gabon, Tchad, Guinée équatoriale et Sao Tomé et Principe. Outre les contingents militaires, cette mission de consolidation de la paix comprend également une branche civile, destinée à aider au démarrage du dialogue politique enclenché, particulièrement en Centrafrique.

La mise en place de la Micopax fut décidée lors de la réunion du comité de paix et sécurité de la Cééac tenue à Libreville, au Gabon. Il était en fait constaté que l'Afrique centrale, victime de conflits armés, n'avait pas encore un noyau militaire proprement dit pour imposer la paix et la sécurité dans la région. Le mandat de la Micopax a été modifié en 2013 pour inclure la mise en œuvre des accords de Libreville, entre le gouvernement central de la Centrafrique et la coalition rebelle de la Séléka.

Il convient de noter que la Micopax a succédé à la Fomuc, dont le mandat était arrivé à terme. La cérémonie relative à la mutation de la Fomuc en Micopax a été organisée le 12 juillet 2008 à Bangui (Centrafrique), sous l'égide de la Communauté économique des Etats de l'Afrique centrale (Cééac).

En décembre 2012, la Micopax a assuré, en République centrafricaine, l'interposition entre les rebelles dits de la Séléka et les forces gouvernementales. Les deux belligérants ont formé un gouvernement d'union nationale, en janvier 2013, grâce à l'accord dit de Libreville, sous l'égide de la Cééac. Du 1er août jusqu'au 19 décembre 2013, la Micopax a été remplacée progressivement par la Mission internationale de soutien à la Centrafrique (Misca), sous la conduite de l'Union africaine.

8.9. Force multinationale de l'Afrique centrale (Fomac)

La Fomac a vocation pour intervenir en cas d'agression, de conflit entre Etats-membres ou de conflit ou menace de conflit dans un Etat-membre, de renversement ou tentative de renversement des institutions constitutionnelles d'un Etat-membre. La Fomac est constituée par des contingents militaires et du matériel provenant des Etats-membres. Elle comporte des éléments de gendarmerie et de protection civile afin d'assurer le maintien, l'imposition ou la restauration de la paix, de la sécurité, ainsi que les actions d'aide humanitaire.

La Fomac est dirigée par un état-major régional, ayant vocation pour :

- s'occuper de la planification stratégique des opérations de maintien ou de consolidation de la paix et de lutte contre la grande criminalité ;
- déterminer les contingents-modules et des matériels pour la brigade régionale en attente qu'il se sera chargé de diriger ;
- établir un concept de mobilisation et d'entraînement préalable au déploiement afin d'assurer la préparation des missions.

La Fomac s'inscrit dans le cadre d'une Force africaine en attente (Faa). En effet, une réunion des chefs d'état-major, tenue à Brazzaville en octobre 2003, a abouti à la création d'une brigade régionale de maintien de la paix. La création de cette brigade est intervenue en application du protocole relatif au Copax et du règlement de la Fomac de la Cééac, en conformité avec les recommandations de l'Union africaine pour la constitution d'une Force africaine en attente.

La Fomac constitue donc une brigade en attente de l'Afrique centrale (Baa) dont les objectifs sont définis dans un cadre déterminé par l'Union africaine (Ua) pour des opérations multinationales et multidimensionnelles de maintien de la paix au sein des Etas-membres de la Cééac ou ailleurs sur le continent. La Fomac a engagé plusieurs cycles de formation et d'entraînement, tant pour ses personnels de commandement que pour les unités positionnées dans les Etats au titre de la Baa.

8.10. Mission internationale de soutien à la Centrafrique (Misca)

La Mission internationale de soutien à la Centrafrique, sous la conduite africaine (Misca), avait pour mandat de contribuer à :

- la protection des civils et à la restauration de la sécurité et de l'ordre public, à travers la mise en œuvre des mesures appropriées ;
- la stabilisation du pays et la restauration de l'autorité de l'Etat centrafricain ;
- la réforme et la structuration du secteur de la défense et de la sécurité, notamment des Forces armées centrafricaines (Fac) ;
- la création des conditions propices à la fourniture d'une assistance humanitaire aux populations dans le besoin.

La mise en place de la Misca a été décidée, en date du 19 juillet 2013, par le Conseil de paix et de sécurité de l'Union africaine, pour une période de 12 mois, avec une clause de révision de 6 mois. Cette mise en place a été soutenue par les Nations-Unies, par la résolution 2121, adoptée par son Conseil de sécurité le 10 octobre 2013.

Les Nations-Unies se sont en fait déclarées vivement préoccupées par la situation qui règne en Centrafrique sur le plan de la sécurité, qui se caractérise par un effondrement total de l'ordre public et l'absence d'un Etat de droit. En effet, au sein des populations sévissent de nombreuses violations des droits de l'homme, notamment les exécutions extrajudiciaires, les disparitions forcées, les arrestations et détentions arbitraires, les actes de torture, les violences sexuelles à l'égard des femmes et des enfants, les viols, etc. Voilà les raisons pour lesquelles a été déployée la Misca. Les textes ont autorisé les forces françaises à prendre toutes les mesures nécessaires pour soutenir la Misca dans l'accomplissement de son mandat.

La Misca a pris la relève de la Mission de la consolidation de la paix (Micopax). Le processus de cette relève, conduit par la Cééac, a commencé le 1er août 2013 et s'est poursuivi jusqu'au 19 décembre 2013, date à laquelle la Micopax a passé officiellement le témoin à la Misca.

La Misca comptait, à son début, 3 652 hommes (militaires et civils), provenant en plus grande partie du Cameroun, du Congo-Brazzaville, du Gabon et du Tchad. En janvier 2014, l'effectif est passé à plus de 4 400 hommes. Mais, le 3 avril 2014, à la surprise générale, les autorités tchadiennes ont annoncé le retrait de leurs soldats (près de 850 éléments) de la Misca, la force africaine déployée en Centrafrique. Ndjamena se serait dit ne plus supporter les mises en cause de son contingent présent en RCA.

Le 15 septembre 2014, la force africaine Misca, avec ses 5 600 soldats, a été remplacée par la Mission des Nations-Unies pour le soutien à la Centrafrique (Minusca).

8.11. Sangaris - Force française

Sangaris est le nom d'une opération militaire de l'armée française, conduite en République centrafricaine. Cette opération, déployée à Bangui, s'est établie le 5 décembre 2013 à plus de 600 militaires. Vingt-quatre (24) heures après le lancement de l'opération Sangaris en Centrafrique, l'effectif français a doublé, atteignant un volume de 1 600 militaires.

C'est à la suite de l'adoption, à l'unanimité, de la résolution 2127 du Conseil de sécurité des Nations-Unies que

Sangaris commença officiellement son déploiement à Bangui, dans la nuit du 5 au 6 décembre 2013.

Le dispositif militaire français visait en fait à apporter un soutien logistique, administratif, technique et opérationnel à la Mission de consolidation de la paix (Micopax), en République centrafricaine, déployée auparavant dans le pays. La Micopax fut, à son tour, relayée le 19 décembre 2013 par la Mission internationale de soutien à la Centrafrique (Misca), sous la conduite africaine.

La force militaire française est venue en appui à la Misca pour stopper le théâtre des violents combats entre la Séléka (majoritairement musulmane) et les anti-balakas (majoritairement chrétiens). Cette force pouvait également être en mesure d'assurer la protection des ressortissants français si la situation l'exigeait. Parallèlement, elle permettait de maintenir en activité l'aéroport international de Bangui, seule voie d'accès internationale à la République centrafricaine.

L'opération Sangaris était, en principe, prévue comme une opération brève, donc qui n'aurait pas vocation pour durer. Mais, la force militaire française s'est trouvée confrontée, sur le terrain, à une situation très complexe. Si bien que le 14 février 2014, le ministre des Affaires étrangères, reconnaissant que la mission étant plus longue que prévue, annonça l'envoi de 400 soldats supplémentaires, ramenant à 2 000 hommes l'effectif des troupes de Sangaris.
Normalement, la mission de Sangaris devrait prendre fin le 15 septembre 2014. Mais la Présidente de transition centrafricaine a souhaité, le 17 février 2014 à Bangui, que l'intervention française dans son pays soit prolongée jusqu'aux élections prévues, en ce temps-là, en février 2015.

Sans surprise, en France, le Sénat et l'Assemblée nationale ont voté la prolongation du mandat de Sangaris, le 25 février 2014, au-delà de six mois. Dans tous les cas, selon un haut gradé de l'Armée française, l'opération Sangaris y resterait, en RCA, jusqu'à ce que la Mission des Nations-Unies pour le soutien à la Centrafrique (Minusca) ait atteint sa pleine capacité opérationnelle. Justement, les opérations Sangaris ont permis, dans le temps, d'accompagner le déploiement de la force onusienne de la Minusca. En fin novembre et décembre 2015, la force française Sangaris, conjointement avec la Minusca, procédèrent, non seulement à la sécurisation du pape lors de son séjour à Bangui, mais aussi à celle de tous les Centrafricains, avant, pendant et après le référendum constitutionnel du 13 décembre 2015 et les élections législatives et présidentielle qui, prévues au 27 décembre 2015, furent repoussées au 30 décembre 2015, officiellement, pour des raisons techniques.

8.12. Mission des Nations-Unies pour le soutien à la Centrafrique (Minusca)

La Mission des Nations-Unies pour le soutien à la Centrafrique (Minusca) a, entre autres, pour priorités :

- la protection de la population et des convois humanitaires ;
- le maintien de l'ordre ;
- le soutien à la transition politique ;
- le respect des droits de l'homme et l'arrestation des responsables d'exactions, dont les crimes de guerre, passibles de poursuites auprès de la Cour pénale internationale ;
- la réforme des forces de sécurité locales et la supervision de l'embargo sur les armes, imposées par l'Onu depuis 2013.

C'est le jeudi 10 avril 2014 que le Conseil de sécurité de l'Onu, par la résolution 2149, a validé le déploiement des troupes de la Minusca en Centrafrique. Cette résolution, proposée par la France, fut adoptée à l'unanimité par ledit conseil.

La résolution a appelé les autorités de transition de Bangui à accélérer leurs préparatifs, de façon à tenir des élections présidentielle et législatives libres et équitables au plus tard, à cette époque, en février 2015. Profitant de l'Accord de cessation des hostilités, signé le 23 juillet 2014 à Brazzaville, au Congo, la Minusca a saisi cette occasion pour encourager toutes les sensibilités centrafricaines à surmonter les difficultés. Elles devraient opter pour un dialogue constructif afin de relever ensemble les défis en cours et préserver la paix et la stabilité dans le pays.

Le 15 septembre 2014, la Minusca a pris la relève de la force africaine de la Misca. Elle a déployé, dans un premier temps, 7 600 hommes sur le terrain, la plupart étant des hommes issus des rangs de la Misca. Elle devrait compter à terme 12 000 soldats et policiers à effectif plein. La Minusca opère aux côtés des 2 000 hommes de la mission Sangaris (la force française) pour tenter de mettre fin à la spirale de violences interconfessionnelles. Les activités de la Minusca devraient prendre, en principe, fin le 30 avril 2015. Mais il y a eu renouvellement pour un an du mandat de cette mission de l'ONU, le 28 avril 2015, par le Conseil de sécurité des Nations Unies, suite à la résolution 2217. Cette résolution mit un accent particulier sur la protection des civils et un appui au processus politique, mené par les autorités de Bangui, dont la fin de la transition centrafricaine, prévue pour le 30 décembre 2015, a été finalement prorogée jusqu'au 31 mars 2016.Cette prorogation fût décidée par un sommet extraordinaire des chefs d'Etat et de gouvernement de la

Cééac, consacrée à la situation politique, sécuritaire et humanitaire en Centrafrique, qui eut lieu le mercredi 25 novembre 2015, à Libreville, au Gabon. En revanche, le référendum constitutionnel fût fixé pour le 13 décembre 2015, et les élections groupées (présidentielle et législatives), pour le 27 décembre 2015. Mais, ces élections groupées furent, à la demande des autorités centrafricaines, reportées au 30 décembre 2015.

8.13. Force multinationale mixte (Fmm)

La Force multinationale mixte (Fmm) a pour principale tâche de mener les opérations militaires qui empêcheraient l'expansion effrénée du groupe islamiste de Boko Haram, ainsi que les activités d'autres groupes terroristes en Afrique du centre et de l'ouest. Fondé en 2002, à Maiduguri, capitale de l'Etat de Borno, au nord du Nigeria, Boko Haram est un mouvement insurrectionnel de lutte armée qui sème la terreur. Il a pour objectif d'instaurer le califat et d'appliquer la charia. Boko Haram est à l'origine de nombreux massacres, attentats et enlèvements à l'encontre des populations civiles de toutes confessions, commis dès le début de son insurrection en 2009. Il intensifie ses exactions à partir de 2013 en opérant tant au Nigeria, son propre sol, qu'au Cameroun, mais aussi au Tchad, voire au Niger.

En octobre et novembre 2014, le Bureau régional des Nations-Unies pour l'Afrique centrale (UNOCA) a mené deux missions, au Cameroun et au Tchad, pour évaluer l'impact des activités de Boko Haram. Considéré comme groupe terroriste par les Nations-Unies, ce mouvement est responsable de crimes de guerre et de crimes contre l'humanité.

Pour parer aux incursions et attaques inopinées de Boko Haram, il a été créé le 20 janvier 2015, à Niamey, une

Force multinationale mixte, appelée aussi Force d'intervention multinationale conjointe, par les pays-membres de la Commission du bassin du lac Tchad (CBLT), en collaboration avec le Bénin. Ils ont pris en même temps la décision d'installer le quartier général de cette Force à Ndjamena, au Tchad.

Les chefs d'Etat et de gouvernement de l'Union africaine validèrent, lors du 24e sommet organisé les 30 et 31 janvier 2015, à Addis-Abeba, en Ethiopie, le concept d'opérations de la Force multinationale mixte pour combattre Boko Haram, devenu, depuis mi-2015, Etat islamique en Afrique de l'ouest. La planification du déploiement de ladite force fut définie à la suite d'une réunion des experts, tenue à Yaoundé, au Cameroun, du 4 au 7 février 2015.

Le 22 août 2015, s'est déroulée à Ndjamena, au Tchad, une réunion des chefs d'Etat-major de cinq pays (Bénin, Cameroun, Niger, Nigéria et Tchad) engagés dans la lutte contre Boko Haram. Au cours de cette réunion, il a été décidé de la mise en place d'une coalition militaire prête à se mettre en bataille. Les contingents de la Force multinationale mixte, destinés à en découdre avec Boko Haram, sont constitués de 8 700 hommes (militaires, policiers et civils). Ce nombre pourrait, selon certains observateurs, s'étendre à l'avenir au-delà de 12 000 hommes.

CONCLUSION

Depuis la signature du traité instituant la Cémac, le 16 mars 1994, en passant par celle de l'Udéac, le 8 décembre 1964, les autorités qui ont la charge de diriger cette organisation sous-régionale (chefs d'Etat, membres du Conseil des ministres de l'Uéac, président de la Commission Cémac, gouverneur de la Béac, président de la Bdéac, secrétaire général de la Cobac, premiers responsables des institutions spécialisées, etc.) ne cessent de conjuguer de gros efforts pour une intégration communautaire sans faille.

Mais ces deux dernières années, la Cémac traverse des zones de turbulences, du fait particulièrement de la crise politico-sécuritaire en Centrafrique, de la menace de la secte Boko Haram (actuel Etat islamique en Afrique de l'ouest) aux frontières du Cameroun et du Tchad avec le Nigéria, ainsi que de l'effondrement du prix du baril de pétrole, principal pourvoir des recettes de la quasi-totalité des pays de la Cémac.

Qu'à cela ne tienne, ces autorités ne baissent pas les bras, mais, tout au contraire, elles font de leur mieux pour passer le cap de ces différents troubles. En effet, lors de la 12e session ordinaire de la Cémac qui s'est déroulée du 5 au 6 mai 2015, à Libreville au Gabon, les chefs d'Etat, de gouvernement et de délégation ont, dans un communiqué final, exprimé leur profonde préoccupation quant à l'ampleur et au caractère récurrent du groupe islamique nigérian de Boko Haram, ainsi qu'aux incursions d'autres éléments sur les frontières et dans les Etats de l'Afrique centrale.

Par conséquent, ils ont décidé notamment de soutenir les Etats de ligne de front (Cameroun et Tchad) en souscrivant aux engagements financiers des chefs d'Etat de la Communauté économique des Etats de l'Afrique centrale (Cééac), tenus à Yaoundé, au Cameroun, le 16 février 2015, lors du sommet extraordinaire. Dans ce sommet, la Cééac a pris l'engagement de reverser au Cameroun et au Tchad la somme de 50 milliards de francs CFA, en soutien à l'effort de guerre. Cette somme constitue un fonds d'urgence qui serait prélevé dans le cadre du Pacte d'assistance mutuelle et de solidarité qui lie les pays-membres de la Cééac.

Il a été également décidé, à Libreville, de l'application immédiate de l'acte additionnel (N° 08/Cémac-Cee-Se du 29 juin 2005) relatif à la libre circulation des personnes sur l'ensemble du territoire de la Cémac. A cet effet, les ressortissants des pays de la Cémac sont autorisés à circuler *sans visa* à l'intérieur du territoire communautaire. Mais, à la seule condition, qu'ils soient munis soit de la carte d'identité biométrique, soit du passeport biométrique, ou encore d'un passeport de la Cémac biométrique homologué. Voici une aubaine pour tout ressortissant de la Cémac.

ANNEXE

Historique de l'Udéac

L'Union douanière et économique de l'Afrique centrale (Udéac) a été créée le 8 décembre 1964 à Brazzaville, en république du Congo, par les chefs d'Etat des cinq pays ci-après : Cameroun, Centrafrique, Congo, Gabon et Tchad.

Le traité de l'Udéac (appelé aussi traité de Brazzaville) entra en vigueur le 1er janvier 1966 dans tous les Etats-membres. A l'origine, la création de l'Udéac fut l'aboutissement d'un parcours jalonné de diverses étapes. En effet, la République centrafricaine, le Congo-Brazzaville, le Gabon et le Tchad constituèrent, avant leurs indépendances, une entité géoéconomique intégrée sous l'appellation de l'Afrique équatoriale française (Aéf). Formant un bloc, ces quatre Etats créèrent, le 29 juin 1959, l'Union douanière équatoriale (Udé).

En 1961, le Cameroun, territoire placé jadis sous la tutelle des Nations-Unies et administré par la France jusqu'à son indépendance le 1er janvier 1960, s'associa à l'Udé. Les cinq Etats signèrent donc le 8 décembre 1964, à Brazzaville, le traité instituant l'Udéac. La signature de ce traité confirma un processus de regroupement entamé sous la période coloniale.

Mais, en avril 1968, l'Udéac, quatre ans après sa naissance, connut un coup dur. Que s'est-il passé ? La République centrafricaine et le Tchad se retirèrent brutalement et créèrent avec le Congo-Léopoldville, actuelle République démocratique du Congo (ex-Zaïre), l'Union des Etats de l'Afrique centrale (Uéac) qui n'aura duré que deux ans.

Après la dislocation de l'Uéac, la Centrafrique fit volte-face et rejoignit l'Udéac en 1970. Quant au Tchad, il réintégra l'Udéac en 1984. La Guinée équatoriale (ancienne colonie espagnole) fut membre de l'Udéac et de la zone Franc depuis le 1er janvier 1985.

Les objectifs assignés à l'Udéac, lors de la signature du traité de Brazzaville, furent les suivants :

- établir une union de plus en plus étroite entre les peuples des Etats-membres, en vue de renforcer leur solidarité sous-régionale, c'est-à-dire raffermir leur solidarité géographique et humaine ;
- promouvoir l'établissement graduel et progressif d'un véritable marché commun de l'Afrique centrale ;
- Etendre des marchés nationaux actuels, grâce à l'élimination des entraves au commerce communautaire ou intercommunautaire, à la coordination des programmes de développement de différents secteurs de production, à l'adoption d'une procédure de répartition et d'harmonisation des projets industriels et à l'amélioration du niveau de vie de leurs peuples.

C'est en juin 1999 que l'Union douanière et économique de l'Afrique centrale (Udéac) a passé officiellement la main à la Communauté économique et monétaire de l'Afrique centrale (Cémac), créée le 16 mars 1994 à Ndjamena, au Tchad.

TABLE DES MATIERES

Le Congo-Brazzaville

aux éditions L'Harmattan

Dernières parutions

MÉDIAS ET POUVOIR POLITIQUE AU CONGO BRAZZAVILLE
Des origines à nos jours
Bemba Léon
Cet ouvrage est une étude des médias de masse au Congo-Brazzaville. Il propose une enquête scientifique des rapports entre les médias et les pouvoirs politiques qui se sont succédé depuis ses origines jusqu'en 2010. Il permet de saisir la part d'influence de la presse dans la conquête de sa propre liberté dans l'élaboration d'une démocratie moderne et d'un réel débat dans la vie politique du pays.
(Coll. Études africaines, 41.00 euros, 430 p.)
ISBN : 978-2-343-04753-9, ISBN EBOOK : 978-2-336-36341-7

LIBERTÉ (LA) DE LA PRESSE AU CONGO-BRAZZAVILLE
Sogni Zaou Florent
Dans la déclaration de Windhoek du 3 mai 1991, il est dit que la création, le maintien et le renforcement d'une presse indépendante, pluraliste et libre sont indispensables au progrès et à la préservation de la démocratie dans un pays, ainsi qu'au développement économique. Le Congo est partie prenante de ces textes, et la liberté de la presse y est garantie par la loi de la presse. Seulement, le doute persiste malgré l'absence de journalistes dans les geôles congolaises.
(Coll. Harmattan Congo, 15.00 euros, 150 p.)
ISBN : 978-2-343-04261-9, ISBN EBOOK : 978-2-336-36443-8

DROIT (LE) DES PARCELLES DE TERRAIN AU CONGO (Tome 3)
L'espace foncier des personnes publiques. La constitution et la gestion des biens. L'expropriation pour cause d'utilité publique
Iloki Auguste - Avec la collaboration de Mireille Iloki Gondo
L'État, les collectivités décentralisées et les établissements publics disposent des parcelles de terrain qui constituent leur domaine foncier subdivisé en domaine public et en domaine privé. La gestion des immeubles de ces personnes publiques est fonction de leur incorporation dans le domaine public ou dans le domaine privé. L'application complexe des règles de droit privé et de la domanialité publique conduit l'auteur à préciser leur régime juridique et à éclairer les domaines respectifs de leur mise en oeuvre rationnelle.
(Coll. Études africaines, 24.50 euros, 240 p.)
ISBN : 978-2-343-04720-1, ISBN EBOOK : 978-2-336-36270-0

LIVRE D'OR DU CINQUANTENAIRE D'OYO (1963-2013)
Géographie - Histoire - Civilisation - Atouts
Ndinga Mbo Abraham Constant, Nguesso Maurice
Cette étude se veut un outil qui permettrait de mieux connaître la ville d'Oyo: le pays, les hommes à travers son histoire (ancienne et contemporaine) et sa civilisation, puis ses atouts. Elle pourrait ouvrir de grandes perspectives pour les responsables de la ville et pour sa population.
(29.00 euros, 310 p.)
ISBN : 978-2-343-05107-9, ISBN EBOOK : 978-2-336-36317-2

CONGO : TERRE DE TECHNOLOGIES
Objectif 2025
Mankou Vérone
Vérone Mankou invite les Africains à entreprendre, certain que le numérique et les nouvelles technologies vont soutenir le développement et représenter une opportunité pour le continent. Concepteur de la première tablette tactile et du premier smartphone Africain, il se lance aujourd'hui dans de nouveaux projets et une seule ambition : «faire du Congo une terre de technologies». Il veut développer chez les jeunes «l'esprit *start-up*» et l'entrepreneuriat.
(10.00 euros, 72 p.)
ISBN : 978-2-343-04958-8, ISBN EBOOK : 978-2-336-36254-0

TOUT SUR L'AC-LÉOPOARDS DE DOLISIE ou les Fauves du Niari
Nimbi Eugène - Préface de Léon Alfred Opimbat
L'AC-Léopoards de Dolisie ou les Fauves du Niari est une équipe de football qui fut créée en 1954. Sous la présidence de Remy Ayayos Ikounga, cette équipe a remporté plusieurs coupes au Congo et a été championne d'Afrique en 2012. L'auteur restitue dans les moindres détails l'information relative à la genèse de l'équipe, à son palmarès national, aux difficultés rencontrées et aux sacrifices consentis par les dirigeants.
(Coll. Harmattan Congo, 12.00 euros, 106 p.)
ISBN : 978-2-343-04260-2, ISBN EBOOK : 978-2-336-35928-1

CONGO-BRAZZAVILLE (LE)
Climat et environnement
Samba Gaston
Cet ouvrage résume quelques travaux du professeur Dominique Nganga relatifs au climat et à l'environnement dans l'espace du Congo-Brazzaville. Un environnement bien caractéristique de ces deux climats équatorial et tropical humide et dont les effets de la variabilité climatique sont diversement perceptibles au niveau des états de surface.
(Coll. Études africaines, 16.50 euros, 168 p.)
ISBN : 978-2-343-02236-9, ISBN EBOOK : 978-2-336-35433-0

PASTORALE (LA) MILITAIRE AU CONGO-BRAZZAVILLE
Mounka Alexis
Éduquer un soldat à être honnête, à avoir le sens civique, à connaître et à pratiquer l'éthique, c'est éduquer tous ses concitoyens aux mêmes valeurs. Et ce ne sont pas

les conséquences de la «guerre civile» qui servent à justifier cette nécessité de l'ordinariat pour la Force publique congolaise, sinon un besoin réel de se doter d'une élite militaire aux valeurs morales et éthiques approuvées.
(Harmattan Congo, 11.50 euros, 80 p.)
ISBN : 978-2-343-03604-5, ISBN EBOOK : 978-2-336-35485-9

DÉBAT SUR LA CONSTITUTION DU 20 JANVIER 2002 AU CONGO
Enjeux sociaux et stratégies politiques
M'Bissa Claude-Richard
À la veille de l'élection présidentielle de 2016, poser la problématique de la modification de la Constitution sur ses aspects fondamentaux suscite évidemment une série d'interrogations. Cet ouvrage met l'accent sur les notions générales liées à une constitution et sur l'expérience congolaise au sujet des constitutions. Il contribue à la compréhension des motivations des acteurs politiques, de leurs argumentations, et surtout à saisir la position du président de la République.
(Coll. Harmattan Congo, 16.50 euros, 164 p.)
ISBN : 978-2-343-03717-2, ISBN EBOOK : 978-2-336-35297-8

QUOTIDIEN (LE) D'ANTAN À NGO AU CONGO-BRAZZAVILLE
Guebo Célestin - Préface de Gabriel Kimami
Ce livre décrit le quotidien d'antan à Ngo, au Congo-Brazzaville, marqué par diverses activités, au cours de l'enfance de l'auteur. Il s'agit bien entendu d'activités scolaires, professionnelles, agricoles, etc. Ce quotidien était aussi marqué par la présence de Ngambieli, le Pygmée, qui avait un mode de vie exceptionnel. À travers ce livre, l'auteur fait revivre les moments de joie et de peine vécus à Ngo, à son époque.
(Coll. Harmattan Congo, 10.00 euros, 62 p.)
ISBN : 978-2-343-03554-3, ISBN EBOOK : 978-2-336-35241-1

GUIDE FISCAL ET COMPTABLE DE LA TVA
Louzonzila Nakou
Ce livre est un instrument de travail pratique, qui met en exergue les principes et le schéma d'application de la TVA en indiquant particulièrement comment répondre à ces questions : Qu'est-ce que la TVA ? Pourquoi la TVA ? Qui supporte la TVA ? Comment se calcule-t-elle ? Comment devrait-on la déclarer au fisc ? Les réponses à ces questions accompagnées d'exemples pratiques permettront de connaître les intrants d'une part et les conséquences ou résultats d'autre part.
(Coll. Harmattan Congo, 23.00 euros, 236 p.)
ISBN : 978-2-343-02879-8, ISBN EBOOK : 978-2-336-35236-7

IDENTITÉ ETHNIQUE ET CONFLITS CIVILS AU CONGO-BRAZZAVILLE
Massamba-Makoumbou Jean-Serge
Cette étude prend le parti de considérer l'appartenance ethnique comme un facteur parmi d'autres dans le développement des guerres civiles africaines. Il s'agit de considérer la forte capacité de mobilisation qu'elle recèle. À ce titre, il n'existe pas de conflit ethnique par essence, mais par vocation ou par instrumentalisation. Dans ce cadre, le Congo-Brazzaville apparaît comme un

cas d'école, avec une manipulation de l'appartenance ethnique au service de la conquête du pouvoir politique et de la confiscation de l'autorité.
(Coll. Etudes africaines, 30.50 euros, 308 p.)
ISBN : 978-2-343-01013-7, ISBN EBOOK : 978-2-296-53937-2

CONVENTION (LA) DES NATIONS UNIES SUR LE CONTRAT DE TRANSPORT INTERNATIONAL DES MARCHANDISES EFFECTUÉ ENTIÈREMENT OU PARTIELLEMENT PAR MER DITE «RÈGLES DE ROTTERDAM»
Dibas-Franck Eric, Diallo Ibrahima Khalil, Banuanina Dia Ngoma Jean-Jacques
La question qui se pose au sujet de ce contrat adopté en décembre 2008 par l'Assemblée générale des Nations unies est de savoir si cette nouvelle convention va atteindre son objectif, à savoir remplacer, se substituer aux «Règles de La Haye», aux «Règles de La Haye-Visby» et aux «Règles de Hambourg». Cette convention entrera-t-elle en vigueur un jour ? Quelle est sa genèse ? Quelles sont ses forces et ses faiblesses ? Existe-t-il des questions controversées ?
(Coll. Harmattan Congo, 22.00 euros, 224 p.)
ISBN : 978-2-343-01119-6, ISBN EBOOK : 978-2-296-53875-7

RÉGLEMENTATION ET PERFORMANCE
L'enseignement supérieur privé au Congo
Koulakoumouna Etienne
Préface de Claude Albagli (Président Institut CEDIMES)
Cet ouvrage examine le rapport entre la réglementation et la performance, et montre que la qualité est la principale dimension de la performance dans toute organisation. Dans l'enseignement supérieur privé, elle passe principalement par une exigence accrue de l'amélioration de la qualité des infrastructures, des prestations du personnel enseignant ayant le profil requis, du programme d'enseignement et du management.
(CEDIMES, Coll. Mouvements Économiques et Sociaux, 19.00 euros, 184 p.)
ISBN : 978-2-296-99767-7, ISBN EBOOK : 978-2-296-53726-2

BRAZZAVILLE, CAPITALE DE LA FRANCE LIBRE
Histoire de la résistance française en Afrique (1940-1944)
Ollandet Jérôme
Comme le déclarait en 1943 le médecin-général Adolphe Sicé, «deux grands hommes auront marqué cette ville : de Brazza, auquel elle doit son nom ; de Gaulle, auquel elle doit son destin...» Ce destin d'un homme et d'une ville ne put s'accomplir conjointement qu'avec l'acceptation par l'AEF d'accompagner, dès le début des hostilités en Europe, la dissidence de la France combattante, celle de la France libre, capitale Brazzaville.
(Coll. Harmattan Congo, 27.00 euros, 278 p.)
ISBN : 978-2-343-00721-2, ISBN EBOOK : 978-2-296-53522-0

L'HARMATTAN ITALIA
Via Degli Artisti 15; 10124 Torino
harmattan.italia@gmail.com

L'HARMATTAN HONGRIE
Könyvesbolt ; Kossuth L. u. 14-16
1053 Budapest

L'HARMATTAN KINSHASA
185, avenue Nyangwe
Commune de Lingwala
Kinshasa, R.D. Congo
(00243) 998697603 ou (00243) 999229662

L'HARMATTAN CONGO
67, av. E. P. Lumumba
Bât. – Congo Pharmacie (Bib. Nat.)
BP2874 Brazzaville
harmattan.congo@yahoo.fr

L'HARMATTAN GUINÉE
Almamya Rue KA 028, en face
du restaurant Le Cèdre
OKB agency BP 3470 Conakry
(00224) 657 20 85 08 / 664 28 91 96
harmattanguinee@yahoo.fr

L'HARMATTAN MALI
Rue 73, Porte 536, Niamakoro,
Cité Unicef, Bamako
Tél. 00 (223) 20205724 / +(223) 76378082
poudiougopaul@yahoo.fr
pp.harmattan@gmail.com

L'HARMATTAN CAMEROUN
BP 11486
Face à la SNI, immeuble Don Bosco
Yaoundé
(00237) 99 76 61 66
harmattancam@yahoo.fr

L'HARMATTAN CÔTE D'IVOIRE
Résidence Karl / cité des arts
Abidjan-Cocody 03 BP 1588 Abidjan 03
(00225) 05 77 87 31
etien_nda@yahoo.fr

L'HARMATTAN BURKINA
Penou Achille Some
Ouagadougou
(+226) 70 26 88 27

L'HARMATTAN SÉNÉGAL
10 VDN en face Mermoz, après le pont de Fann
BP 45034 Dakar Fann
33 825 98 58 / 33 860 9858
senharmattan@gmail.com / senlibraire@gmail.com
www.harmattansenegal.com

L'HARMATTAN BÉNIN
ISOR-BENIN
01 BP 359 COTONOU-RP
Quartier Gbèdjromèdé,
Rue Agbélenco, Lot 1247 I
Tél : 00 229 21 32 53 79
christian_dablaka123@yahoo.fr

Achevé d'imprimer par Corlet Numérique - 14110 Condé-sur-Noireau
N° d'Imprimeur : 127650 - Dépôt légal : avril 2016 - *Imprimé en France*

www.ingramcontent.com/pod-product-compliance
Lightning Source LLC
LaVergne TN
LVHW021215061026
849535LV00008B/2747